MEIKE SCHREIBER
ANGELIKA SLAVIK
Money Queen

W0192034

GOLDMANN
Lesen erleben

Viele Menschen denken, Geld sei ein rationales, nüchternes Thema. Was für ein Irrtum! Denn Geld ist vor allem eine emotionale Angelegenheit. Und das Höchste, das man erreichen kann, ist, sich mit seinem Geld wohlzufühlen. Darum geht es. Dieses Buch verspricht also nicht, Sie zu einer Millionärin zu machen (auch wenn Sie selbstverständlich eine werden können, wenn Sie das wirklich möchten). Stattdessen erfahren Sie hier, wie Sie sich einen Überblick über ihre finanzielle Lage verschaffen und wie Sie endlich Ordnung in Ihr Papierchaos bekommen. Wie Sie Ihr Einkommen erhöhen und Ihre Ausgaben senken. Oder wie Sie endlich die Altersvorsorge organisiert kriegen.

Warum wendet sich dieses Buch speziell an Frauen? Weil Gleichberechtigung auch eine Frage des Geldes ist. Statistiken zeigen, dass Männer nicht nur im gleichen Job mehr verdienen, sondern in allen Bereichen des Lebens strukturell bevorzugt werden. Dazu kommt, dass sich Männer intensiver um Finanzen kümmern. Das sollte sich dringend ändern – denn auf all die wunderbaren Dinge, die Geld eben auch bedeuten kann, haben Frauen und Männer den gleichen Anspruch, finden Sie nicht?

Autorinnen

Meike Schreiber, geboren 1975 in Karlsruhe, war ab 2002 zehn Jahre Redakteurin bei der *Financial Times Deutschland*. Seit 2015 arbeitet sie als Banken-Korrespondentin der *Süddeutschen Zeitung* in Frankfurt. Sie ist verheiratet, hat zwei Kinder und liebt Ordnung, Struktur und To-do-Listen.
Angelika Slavik, geboren 1982 in Wien, war freie Journalistin bei der Tageszeitung *Der Standard,* später Redakteurin beim Wirtschaftsmagazin *Format* (heute *Trend*). Seit 2007 arbeitet sie in unterschiedlichen Positionen für die *Süddeutsche Zeitung*, seit 2021 als Korrespondentin in Berlin. Sie liebt alle Arten des Geldausgebens – und die Schönheit des Chaos.

Meike Schreiber
Angelika Slavik

Money
Queen

Fabelhafte Finanztipps für Frauen
in jeder Lebenslage

Aktualisierte und erweiterte Neuausgabe

GOLDMANN

Alle Ratschläge in diesem Buch wurden von den Autorinnen und vom Verlag sorg-
fältig erwogen und geprüft. Eine Garantie kann dennoch nicht übernommen werden.
Eine Haftung der Autorinnen beziehungsweise des Verlags und seiner Beauftragten
für Personen-, Sach- und Vermögensschäden ist daher ausgeschlossen.

Sollte diese Publikation Links auf Webseiten Dritter enthalten,
so übernehmen wir für deren Inhalte keine Haftung,
da wir uns diese nicht zu eigen machen, sondern lediglich
auf deren Stand zum Zeitpunkt der Erstveröffentlichung verweisen.

MIX
Papier aus verantwor-
tungsvollen Quellen
FSC® C014496

Penguin Random House Verlagsgruppe FSC® N001967

1. Auflage
Aktualisierte und erweiterte Neuausgabe November 2021
Copyright © 2019 der Originalausgabe: edition a, Wien
Copyright © 2021 dieser Ausgabe: Wilhelm Goldmann Verlag, München,
in der Penguin Random House Verlagsgruppe GmbH,
Neumarkter Str. 28, 81673 München
Umschlag: UNO Werbeagentur, München
Umschlagmotiv: FinePic®, München
Satz: Satzwerk Huber, Germering
Druck und Bindung: GGP Media GmbH, Pößneck
Printed in Germany
KF · IH
ISBN 978-3-442-17903-9

Besuchen Sie den Goldmann Verlag im Netz

Inhalt

Vorwort

Das Leben hält auch für fabelhafte Frauen mitunter recht unglamouröse Momente bereit – und nur allzu oft ist daran die Sache mit dem Geld schuld. Man bekommt einen Rentenbescheid, der unverblümt mit Altersarmut droht, zum Beispiel. Man kassiert einen mitleidigen Blick von der Verkäuferin, wenn die Kreditkarte zickt. Man schaut in den Kühlschrank und erblickt nichts, außer zwei verschrumpelten Karotten und einer halb vollen Dose Ravioli.

Geld hat die spektakuläre Fähigkeit, sich auf wundersame Art und Weise immer dann zu verflüchtigen, wenn man es gerade brauchen könnte.

Allerdings kann Geld Ihnen auch die tollsten Dinge ermöglichen. Sie können fantastische Reisen unternehmen, sündteure Schuhe kaufen oder eine Firma gründen. Es kann ein Höchstmaß an Freiheit verschaffen: Freiheit zur Entfaltung, aber auch Freiheit von existenziellen Sorgen. Deshalb gibt es dieses Buch. Es soll Ihnen helfen, Ihre Finanzen zu einem Quell Ihres persönlichen Vergnügens zu machen.

Dabei ist es egal, wo Sie gerade stehen. Vielleicht haben Sie Ihren Alltag gut im Griff und interessieren sich einfach für die Frage, wie Sie Vermögen aufbauen können. Vielleicht sitzen Sie auf einem Berg unbezahlter Rechnungen und haben absolut keinen Überblick über Ihre finanzielle Lage. Möglicherweise haben Sie bislang auch Scheu gehabt, sich mit Finanzen zu beschäftigen, weil Sie das Gefühl hatten, von unverständlichen Begriffen erschlagen zu werden, oder fürchteten, falsche Entscheidungen zu treffen.

Viele Menschen denken, Geld sei ein rationales, nüchternes Thema. Dabei ist das Gegenteil der Fall. Geld ist immer auch eine emotionale Angelegenheit. Und das Höchste, das man erreichen kann, ist, sich mit seinem Geld wohlzufühlen. Darum geht es. Dieses Buch verspricht nicht, Sie zu einer Milliardärin zu machen (auch wenn Sie selbstverständlich eine werden können, wenn Sie das wirklich, wirklich möchten).

Stattdessen erfahren Sie hier, wie Sie in jeder Lebenslage das Beste aus Ihrem Geld machen können. Wie Sie stilvoll heiraten, auch wenn das Budget knapp ist. Und worauf Sie achten müssen, falls Sie sich wieder scheiden lassen möchten. Sie werden hier lesen, wie man eine fabelhafte Party schmeißt, ohne deshalb danach bis zum Monatsende Dosenravioli essen zu müssen.

Wir werden Ihnen zeigen, wie Sie sich einen Überblick über Ihre finanzielle Lage verschaffen oder wie Sie endlich Ordnung in Ihr Papierchaos bekommen. Wie Sie die Steuererklärung überleben, wie Sie günstig einkaufen, aber teuer aussehen.

Warum wendet sich dieses Buch speziell an Frauen? Weil Gleichberechtigung auch eine Frage des Geldes ist. Statistiken zeigen, dass Männer nicht nur im gleichen Job mehr verdienen, sondern in allen Bereichen des Lebens strukturell bevorzugt werden. Das beginnt sogar schon beim Taschengeld im Kindergarten. (Mehr zu diesen Zahlen später in diesem Buch.) Dazu kommt, dass sich Männer tendenziell intensiver um Finanzen kümmern. Das sollte sich dringend ändern – denn auf all die wunderbaren Dinge, die Geld eben auch bedeuten kann, haben Frauen und Männer den gleichen Anspruch, finden Sie nicht?

Dazu kommt, dass die Corona-Pandemie uns allen eine Menge unglamouröser Momente beschert hat, nicht zuletzt in finanzieller Hinsicht. Aus seinem Geld das Beste rauszuholen war also vielleicht noch nie so wichtig wie heute. Geld allein macht nicht glücklich, heißt es. Das stimmt. Aber Ihre Finanzen entspannt im Griff zu haben, ist eine hervorragende Ausgangslage, um genau das Leben zu gestalten, das Sie sich wünschen.

Meike Schreiber, Angelika Slavik,
für die aktualisierte Neuausgabe im Sommer 2021

Einkommen

Es ist keine große Kunst, gelassen an Geld zu denken, wenn man es im Überfluss besitzt. Wenn Sie nun aber nicht zu den Glücklichen gehören, die zufällig eine Ölquelle geerbt haben, die Ihnen für die nächsten zweihundert Jahre praktisch unbegrenzte Einnahmen sichert, müssen Sie sich Ihr Geld einteilen. Das heißt nicht, dass Sie die Ausgaben für jedes Päckchen Kaugummi einzeln notieren müssen (auch wenn es tatsächlich Menschen geben soll, denen derart penible Buchführung ein beglückendes Gefühl verschafft). Es geht darum, sich einen grundsätzlichen Überblick über Ihre Situation zu verschaffen. Möglicherweise finden Sie die Vorstellung, sich mit Ihrer finanziellen Situation zu beschäftigen, unbehaglich. Das ist normal, vor allem, wenn Sie bislang eher wenig oder gar keinen Überblick über Ihre Finanzen haben. Der Umgang mit Geld ist eine Entwicklung, und egal, an welchem Punkt der Reise Sie sich befinden: Wenn Sie sich darauf einlassen, werden Sie Fortschritte machen. Vielleicht erinnern Sie sich daran, wie Sie das erste Mal versucht haben, Coq au Vin zu kochen oder einen flüssigen Lidstrich zu ziehen. Beim Umgang mit Ihrem Geld gilt das Gleiche: Sie werden sehr schnell immer besser werden, wenn Sie erst einmal angefangen haben, es zu versuchen.

Also räumen Sie den Tisch frei: für eine Kanne fantastisch duftenden Tee, eine Lieblingspraline auf Ihrem schönsten Vintage-Teller und, genau, einen großen Block und einen Stift. Mehr brauchen Sie nicht, um die Herrscherin über Ihr Geld zu werden. Los geht's.

Die Lage

Wenn von Einkommen die Rede ist, wird oft ein Jahresbetrag genannt. Die meisten Menschen können mit monatlichen Beträgen aber mehr anfangen, weil sie sich die Summe besser vorstellen können. Wir empfehlen daher auch für diese Rechnung eine monatliche Kalkulation. Jahresbeträge, zum Beispiel die Zahlungen für eine Versicherung, teilen Sie einfach durch zwölf und berücksichtigen Sie sie anteilig in Ihrer Monatskalkulation.

Nehmen Sie drei Blatt Papier. Auf das erste schreiben Sie Ihr monatliches Nettoeinkommen, zum Beispiel Ihr Gehalt. Falls Sie noch andere Einnahmequellen haben, kommen die Erträge daraus auch auf dieses Blatt. Das können Beihilfen sein, Kindergeld, Stipendien, eine Witwen- oder Waisenrente oder auch Einnahmen aus der Vermietung einer Wohnung. Es ist völlig okay, wenn auf diesem Zettel nur eine einzige Zahl steht. Auf dem zweiten Zettel notieren Sie all Ihre monatlichen Ausgaben: Dazu gehören etwa die Miete, die Kosten für den Strom, gegebenenfalls auch Wasser- und Müllgebühren, falls die nicht über die Miete abgerechnet werden. Außerdem noch die Kosten für das Internet und alle Handys, die Sie bezahlen. Die Gebühren für Rundfunk und Fernsehen, die Abokosten für Netflix, Sky, Spotify oder Amazon Prime, falls Sie dort Kunde sind. Kosten für Abos von Zeitungen und Magazinen oder kostenpflichtige Apps. Gebühren für Fitnessstudios – selbst wenn Sie niemals hingehen! – müssen auch auf die Liste. Außerdem anteilig alle Versicherungen, ob für Haus, Auto oder für Sie selbst. Zahlen Sie eine Mitgliedsgebühr für Carsharing, haben Sie ein Abo für den öffentlichen Personennahverkehr? Wenn Sie auch finanzielle Verantwortung für andere Menschen haben, gehören diese Kosten auch auf die Liste: Kita-Gebühren, Flötenunterricht, Kosten für eine Betreuung im Pflegeheim. Kalkulieren Sie außerdem einen Pauschalbetrag für Lebensmittel und, falls Sie ein Auto haben, für Benzin.

Das kann eine Zeitlang dauern, aber am Ende haben Sie einen guten Überblick darüber, wo Ihr Geld jeden Monat hinkommt und wie viel von Ihrem Einkommen dann noch übrig ist.

Widmen Sie sich nun dem dritten Zettel: Das ist das Blatt für Ihre Schulden. Wo und bei wem auch immer Sie in der Kreide stehen, jetzt ist es Zeit für die Wahrheit. Auf diesen Zettel kommt die offene Kreditsumme bei der Bank genauso wie überfällige Zahlungen ans Finanzamt. Haben Sie sich Geld bei Freunden geborgt oder schickt Ihnen ein Versandhändler schon die dritte Mahnung? Alles kommt auf diesen Zettel.

Vielleicht bleibt der dritte Zettel bei Ihnen glamourös leer, vielleicht ist er voll und Sie fühlen sich nun entsetzlich und geradezu körperlich erschöpft. Schulden sind oft eine emotionale Angelegenheit, aber sich den Überblick zu verschaffen, ist nicht nur der erste, sondern auch der wichtigste Schritt. Den haben Sie jetzt bewältigt. Ein Grund, stolz auf sich zu sein.

Egal, ob Sie nun also zwei oder drei beschriebene Zettel haben: Vielleicht fühlen Sie sich ganz wohl damit, vielleicht sehnen Sie sich gerade nach einem Erdloch, das Sie verschlucken möge. Machen Sie sich bewusst: Das ist Ihre Ausgangssituation. Sie sind schon dabei, die Lage zu verbessern.

Jetzt ist es übrigens Zeit für die Praline. Hochverdient.

Wie man sein Einkommen erhöht

Wenn Menschen ihre finanzielle Lage verbessern möchten (oder müssen), konzentrieren die meisten ihre Anstrengungen darauf, ihre Ausgaben zu reduzieren. Das ist klug, und wir werden Ihnen in diesem Buch noch eine Reihe von Möglichkeiten aufzeigen, wie Sie Ihre Kosten reduzieren können. Es lohnt sich aber auch zu überlegen, ob Sie nicht möglicherweise zusätzliches Einkommen generieren können.

Gehaltsverhandlungen

Mehr Geld für den Job zu bekommen, den man ohnehin schon hat, ist ohne Zweifel die komfortabelste Methode, seine Finanzen zu verbessern. Um Vorgesetzten eine Gehaltserhöhung abzuringen, gilt allerdings: Vorbereitung ist alles. Planen Sie diese Aktion akribisch wie eine Geheimagentin. Gehen Sie wie folgt vor:

Recherchieren Sie die aktuelle Situation. Zunächst sollten Sie versuchen einzuschätzen, wo Sie, verglichen mit Ihren Kollegen, im Gehaltsspektrum derzeit stehen. Dabei spielen nicht nur die Position, sondern auch Lebensalter und Betriebszugehörigkeit eine Rolle. In den meisten Betrieben ist es unüblich, offen über sein Gehalt zu sprechen. Dennoch lassen sich Anhaltspunkte finden. Prüfen Sie den Tarifvertrag, checken Sie Gehaltsvergleiche im Internet, bitten Sie den Betriebsrat um eine Einschätzung.

Außerdem sollten Sie die wirtschaftliche Lage Ihres Unternehmens kennen: Läuft es überdurchschnittlich gut oder waren die letzten Zahlen schlecht? Wie geht es Ihrer Branche insgesamt? Wenn für Ihre Firma die Zeiten gerade nicht golden sind, heißt das keineswegs, dass Sie nicht um eine Gehaltserhöhung verhandeln können. Sie müssen nur vorbereitet sein.

Bereiten Sie Ihre Argumente vor. Schreiben Sie einen Überblick über Ihre Erfolge und Entwicklung in kurzen Stichpunkten auf. Überlegen Sie auch, was vielleicht nicht so gut geklappt hat. Das ist vor allem deshalb wichtig, damit Sie im Gespräch nicht davon überrascht und womöglich verunsichert werden. Wenn Sie auf die Liste blicken, sehen Sie hoffentlich, dass die Zahl der Erfolge deutlich größer ist als die Ihrer weniger glorreichen Momente. Es geht nicht darum, perfekt zu sein, um eine Gehaltserhöhung zu verdienen. Engagiert ist wichtiger als fehlerlos.

Skizzieren Sie, was das Unternehmen künftig von Ihnen erwarten kann. Dieser Punkt wird besonders von Frauen oft unterschätzt, weil sie denken, eine Gehaltserhöhung wegen ihrer Leistungen in der Vergangenheit zu bekommen. Das spielt natürlich eine Rolle, aber noch wichtiger ist die Vision, die Sie von der Zukunft verkaufen können: Aus der Sicht Ihres Arbeitgebers ist eine Gehaltserhöhung ein Investment, von dem er sich perspektivisch eine Rendite erhofft. Also demonstrieren Sie, dass es keine bessere Entscheidung gibt, als auf Sie zu setzen!

Die richtige Dosis Emotion. Überlegen Sie sich außerdem eine passende Formulierung für Ihre Gefühlslage, damit Sie sie im richtigen Moment parat haben. Oft wird davon abgeraten, in einem Gehaltsgespräch emotional zu argumentieren. Das stimmt nur insofern, als Sie Ihre Emotionen während des Gesprächs im Griff haben sollten. (Selbst wenn Ihr Gegenüber sich durch einen Mangel an Charme und ein Übermaß an Inkompetenz auszeichnet, ist Brüllen keine gute Strategie.) Die Frage, wie wohl oder unwohl, wie wertgeschätzt Sie sich fühlen, ist aber durchaus von großer Bedeutung für das Unternehmen. Ein Satz wie »aber dann bin ich nicht glücklich«, kann – im richtigen Moment und wohldosiert eingesetzt – erstaunliche Wirkung erzielen. Zum Ersten, weil es bei Gefühlsäußerungen kein Gegenargument gibt, anders als bei den klassisch sachlichen Argumenten rund um Ihre Erfolge und Perspektiven. Zum Zweiten, weil nur wenige Menschen so argumentieren – man damit also auch Vorgesetzte, die glauben, schon alles gehört zu haben, mindestens kurzfristig aus dem Konzept bringen kann. Und drittens, weil das Ihren Arbeitgeber bei der Ehre packt: Sie sind eine talentierte, wichtige und engagierte Mitarbeiterin. Wer wollte Sie nicht glücklich machen?

Machen Sie einen Termin. Sich in dreißig Sekunden Aufzugfahrt mit dem Chef eine Gehaltserhöhung zu sichern, gibt es nur in schlechten Hollywoodfilmen. Auch Partys nach Büroschluss sind ungeeignet – allein schon, weil so ein Umfeld Ihrer Forderung nicht den nötigen Nachdruck verleiht. Jahresgespräche sind eine angemessene Gelegenheit, haben aber den Nachteil, dass in vielen Unternehmen die Gesprächstermine aller Mitarbeiter zu einer ähnlichen Zeit im Jahr stattfinden. Außer Ihnen werden dann also auch noch ein paar andere nach mehr

Geld fragen. Am einfachsten: Machen Sie extra einen Termin aus, um mit Ihrem Vorgesetzten über Ihre Perspektiven im Unternehmen zu sprechen.

Wählen Sie ein Power-Outfit. Die größte Hürde für ein erfolgreiches Gehaltsgespräch ist nicht Ihr Chef oder Ihre Chefin, sondern Ihre eigene Unsicherheit. Die gilt es im Zaum zu halten. Deshalb ist der Tag Ihrer Gehaltsverhandlung die richtige Gelegenheit für Ihr frisch geduschtes und geföhntes Business-Ich. Der Tag, an dem Ihre Schuhe farblich zu Ihrem Oberteil passen, und zwar nicht nur zufällig. Und nein, Ihren Vorgesetzten wird das nicht auffallen (es sei denn, Sie arbeiten in der Modebranche). Aber Sie werden es wissen, und darum geht es. Die Spannung und die Disharmonie auszuhalten, die in so einem Gespräch zwischendurch zu erwarten ist, ist entscheidend für den Erfolg. Alles, was dabei hilft, Sie an Ihre eigene Stärke zu erinnern, ist willkommen.

Kennen Sie die strategischen No-Gos. Drohen Sie niemals, wirklich niemals mit Kündigung. Das kann schnell nach hinten losgehen und wenn so eine Dynamik erst mal entstanden ist, ist es schwer, sie ohne Schaden für Ihr Ansehen wieder zu stoppen. Es ist in Ihrem Interesse, dass das Gespräch immer konstruktiv und freundlich bleibt – herzlich im Ton und hart in der Sache.

Wenn Sie Ihre Argumente sortieren, sehen Sie sie immer aus der Sicht Ihres Arbeitgebers. Ihre privaten Lebensumstände sind kein Argument. »Ich habe jetzt ein Kind«, »Meine Miete ist gestiegen« oder »Ich brauche ein neues Auto« funktionieren nicht und lassen Sie im schlimmsten Fall auch noch unprofessionell wirken. Sie haben ein berufliches Anliegen, deshalb bleiben Sie in Ihrer Argumentation in der Arbeitswelt.

Fragen Sie nach Extras. Überlegen Sie außerdem schon vor dem Gespräch, was das Unternehmen, abgesehen von einer Gehaltserhöhung, für Sie tun könnte. Ihr Arbeitgeber mag vielleicht gerade wenig Spielraum bei den Gehältern haben, das heißt aber nicht, dass Sie nicht trotzdem Ihre Einkommenssituation verbessern können. Unternehmen dürfen Mitarbeitern ganz legal einige Hundert Euro mehr netto zukommen lassen, ohne dass das Finanzamt davon etwas abbekommt. Zum Beispiel kann sich der Arbeitgeber an der Stromrechnung beteiligen, die Kita-Gebühren übernehmen oder einen Einkaufsgutschein für den Supermarkt ausgeben. Die Liste an steuer- und abgabenfreien Extras ist inzwischen relativ lang. Vielleicht möchten Sie einen Dienstwagen oder ein Mobiltelefon auf Firmenkosten? Eine Bahnkarte, die Ihnen günstigere Tickets auch bei privaten Reisen ermöglicht? Ein Jahresticket für die Öffis? Solche Optionen sind für Unternehmen oft leichter zu realisieren als eine Erhöhung Ihres normalen Gehalts – und mitunter kann Ihnen das mehr einbringen als eine mickrige Lohnsteigerung, die dann auch noch zur Hälfte von der Steuer aufgefressen wird.

Gesprächsablauf. Sagen Sie deutlich, was Sie wollen. Verabschieden Sie sich von dem Gedanken, dass Ihr Vorgesetzter Ihnen eine Gehaltserhöhung anbieten wird, ohne dass Sie sie direkt und offen fordern. Das gilt insbesondere dann, wenn Ihr Chef ein Mann ist: Wenn Sie es nicht klar sagen, wird er gar nicht verstehen, was Sie überhaupt wollen.

Die Gründe für die großen Einkommensunterschiede zwischen Männern und Frauen haben neben anderem auch mit sprachlichen Unterschieden zu tun. Frauen neigen dazu, zurückhaltender zu formulieren, oft im Konjunktiv, ihre Erfolge weniger offensiv zu verkaufen. Das ist nicht grundsätzlich besser oder schlechter als die klassisch männlichen Kommunikationsmuster, aber solange Entscheidungsstrukturen von Männern geprägt sind, ist es ein strategischer Nachteil. Das bedeutet nun nicht, dass Sie eine Rolle spielen müssen. Es reicht, wenn Sie darüber Bescheid wissen und sich deshalb ein kleines Stück weiter nach vorne wagen, als es Ihrer Komfortzone entspricht. Sie wollen schließlich nicht, dass die Komfortzone Sie arm macht, richtig?

Personalverantwortliche führen solche Gespräche unzählige Male, und ein fester Bestandteil dieses Rituals ist, dass sie niemals sofort zustimmen. Sie werden Sie also fragen, warum Sie denken, dass Sie mehr Geld verdient hätten. Das kann freundlich sein oder provokativ im Tonfall, in jedem Fall gilt: Nehmen Sie Widerstand nicht persönlich und lassen Sie sich nicht davon verunsichern. Es gehört zum Spiel, also spielen Sie mit. Beginnen Sie mit zwei Ihrer drei stärksten Argumente, behalten Sie aber noch etwas in der Hinterhand, um auf den ersten Widerspruch reagieren zu können. Reden Sie nicht ohne Punkt und Komma und rechtfertigen Sie sich nicht. Bringen Sie Ihre Forderung vor und geben Sie dann Ihrem Gegenüber die Gelegenheit zu antworten. Fürchten Sie sich nicht vor Gesprächspausen, halten Sie sie aus. Nichts ist ärgerlicher, als eine Gehaltserhöhung zu verpassen, weil Sie im entscheidenden Moment die Stille nicht ertragen und dann so etwas sagen wie:

»Na gut, wenn das nicht geht, dann verstehe ich das natürlich, dann würde ich auch mit weniger...«

Warten Sie auf einen Gegenvorschlag und nähern Sie sich dann einander an. Eine Gehaltsverhandlung ist dann erfolgreich, wenn beide Seiten das Gefühl haben, in Zukunft besser dran zu sein als vorher.

Wenn wirklich gar nichts zu holen ist: Fragen Sie, wann Sie wieder darüber sprechen können. Wenn die Zeiten für das Unternehmen gerade schlecht sind, heißt das nicht, dass es in sechs Monaten immer noch so sein muss. Wenn Sie Ihre Vorgesetzten noch nicht ausreichend von Ihren Qualitäten überzeugt haben, kann das in einem halben Jahr anders aussehen. Sie haben dann zumindest Ihre Ambitionen deutlich gemacht, das kommt bei Vorgesetzten immer gut an. Achten Sie in Zukunft auf Ihre Präsenz, bringen Sie sich ein. Machen Sie ein bisschen mehr Wind um Ihre Erfolge als bisher und wagen Sie sich auch aus Ihrer Komfortzone, wenn es darum geht, mehr Verantwortung zu übernehmen. Auch wenn Sie auf die Gehaltserhöhung noch warten müssen, sind Sie garantiert ein großes Stück vorangekommen.

CHECKLISTE

WAS SIE BEI GEHALTSVERHANDLUNGEN BEACHTEN SOLLTEN

€ **Recherche: Wo stehe ich?** Wie geht es dem Unternehmen?

€ **Termin ausmachen:** Mehr Geld gibt es nicht im Vorbeigehen.

€ **Argumente vorbereiten:** Welche Erfolge kann ich vorweisen? Wo sehe ich mich in der Zukunft?

€ **Ansprüche:** klar formulieren

€ **Widerstand:** nicht persönlich nehmen

€ **Spannung:** einfach aushalten

€ **Fordern:** geldwerte Extras

Die Vorzüge
eines Nebenjobs

Vielleicht finden Sie die Idee, mehr zu arbeiten, um mehr zu verdienen, zunächst nicht besonders prickelnd. Tatsächlich aber kann ein Nebenjob Ihnen nicht nur ein zusätzliches Einkommen bescheren, sondern auch Abwechslung, Inspiration, eine zusätzliche Qualifikation und fantastische Begegnungen. Vielleicht knüpfen Sie großartige Kontakte, die Ihnen im Lauf Ihrer Karriere noch nützlich werden. Vielleicht lernen Sie zufällig Leute kennen, die die besten Partys Ihrer Stadt veranstalten.

Aber klar, ein Nebenjob passt nicht zu jeder Lebenssituation. Wenn Sie also ohnehin schon mit einer Vollzeitstelle, vier Kindern, einem Hund und einem Ehemann jonglieren, ist zusätzliche Arbeit gerade eher keine gute Idee – die Energie, die Sie haben, ist der wichtigste Motor, um das Leben zu gestalten, das Sie sich wünschen. Abend für Abend völlig entkräftet ins Bett zu fallen, wird Ihr Leben also keineswegs verbessern, sondern Sie, ganz unabhängig von Ihrem Kontostand, nur ärmer machen. Aber wenn Sie vielleicht gerade Single und in eine neue Stadt gezogen sind, oder wenn Sie noch studieren, in der Ausbildung sind oder Teilzeit arbeiten, wenn Sie also ein bisschen Zeit und Energie verfügbar haben, könnte ein Nebenjob in jeder Hinsicht eine Bereicherung sein.

Den richtigen Nebenjob auswählen

Überlegen Sie sich zunächst, ob Sie dauerhaft nebenbei arbeiten möchten oder nur für einen begrenzten Zeitraum – wenn Sie zum Beispiel Schulden tilgen oder sich etwas Besonderes leisten möchten, können schon sechs Monate Nebenjob helfen, Ihr Ziel schneller zu erreichen. Vielleicht möchten Sie auch nur immer einmal wieder projektbezogen arbeiten, statt regelmäßig jede Woche. Oder bevorzugen Sie Planbarkeit und wollen immer am gleichen Wochentag und zur gleichen Zeit arbeiten? Überdenken Sie Ihren Alltag und Ihr Zeitbudget. Denken Sie praktisch: Wenn Sie von Ihrem Nebenjob nichts weiter wollen als ein zusätzliches Einkommen, achten Sie auf kurze Anfahrtswege: Vormittags drei Stunden irgendwo auszuhelfen lohnt sich nicht, wenn Sie sich dafür eine Stunde durch die Stadt quälen müssen. Anders sieht es aus, wenn Sie für einen Job nicht nur bezahlt werden, sondern er Ihnen eine nützliche Zusatzqualifikation einbringt, die sich im Lauf Ihrer weiteren Karriere doppelt auszahlen wird – dann ist auch ein wenig mehr Aufwand gerechtfertigt.

Wenn Sie in Ihrem Hauptberuf kreativ arbeiten, empfinden Sie einen Job, der diese Seite von Ihnen nicht beansprucht, möglicherweise als angenehmen Ausgleich. Wenn Sie sonst viel vor Ihrem Computer sitzen, bevorzugen Sie vielleicht einen Nebenjob, in dem Sie viel mit anderen Menschen zu tun haben. Oder Sie schlagen zwei Fliegen mit einer Klappe: Möglicherweise können Sie für Dinge bezahlt werden, die Sie ohnehin machen oder immer schon machen wollten. Vielleicht können Sie in einer Sportart, die Sie schon lange betreiben, auch Kurse geben, statt nur alleine zu trainieren? Wenn Ihnen soziale Arbeit liegt, gibt es in Ihrer Nähe vielleicht ein Krankenhaus oder ein Pflegeheim, das zusätzliches Personal sucht – oder Menschen, die Sie für ein paar Stunden in der Woche für Besorgungen anheuern möchten. Mögen Sie Tiere oder haben Sie sich vorgenommen, öfter an die frische Luft zu kommen? Vielleicht brauchen das Tierheim oder der Zoo bei Ihnen um die Ecke gerade Unterstützung. Zocken Sie gerne? Spielehersteller sind ständig auf der Suche nach Testern, die ihre neuen Erfindungen durchspielen und auf Programmierfehler prüfen.

Wir lieben Bürokratie

Der rechtliche Rahmen für Nebenjobs

Damit Sie aus Ihrem Nebenjob das Optimum rausholen, ist es wichtig, die rechtlichen Rahmenbedingungen zu beachten. In Deutschland dürfen Sie mit einem sogenannten Minijob maximal regelmäßig 450 Euro im Monat oder 5.400 Euro im Jahr dazuverdienen. In Österreich lag die Obergrenze für geringfügig Beschäftigte zuletzt bei 475,86 Euro im Monat, dieser Wert wird jedes Jahr angepasst. Wenn Sie im Nebenjob den Mindestlohn verdienen, kommen Sie so auf etwa zehn bis zwölf Stunden Arbeit pro Woche, bei einem höheren Stundensatz ist die Arbeitszeit entsprechend geringer.

Wenn Sie diese Zuverdienstgrenzen beachten, arbeiten Sie praktisch brutto für netto. Das heißt: Sie zahlen in Deutschland keine Sozialversicherung (also keine Beiträge für Kranken- und Pflegeversicherung) und keine Steuern, sondern nur 3,6 Prozent des Verdienstes an die gesetzliche Rentenversicherung. Theoretisch ist es auch möglich, sich von dieser Rentenversicherungspflicht befreien zu lassen. Andernfalls gehen von bis zu 450 Euro Verdienst im Monat 16,20 Euro für die Rente ab. Allerdings verzichten Sie damit auch auf wertvolle Rentenvorteile. Denn ein Jahr Minijob bringt ein normales Versicherungsjahr ein – unabhängig vom Verdienst. Das kann gerade für Studentinnen viel wert sein, um später einmal abschlagsfrei in Rente gehen zu können, oder um überhaupt eine gesetzliche Rente zu bekommen.

In Österreich sind geringfügig Beschäftigte nur unfallversichert, können sich aber günstig freiwillig kranken-und pensionsversichern – auch da gilt: Über zusätzliche Pensionsversicherungsjahre werden Sie sich im Alter vielleicht noch freuen, das kann also durchaus eine schlaue Entscheidung sein. Stellen Sie sich einfach vor, wie Sie drei Jahre früher als alle anderen schon nachmittags am See sitzen, Cocktails mit Schirmchen schlürfen und Sätze sagen wie: »Wissen Sie, in meinem Alter geht es nur noch ums Vergnügen!«

Und weil Deutschland nichts so schick findet wie Bürokratie, gibt es neben dem bekannten Minijob auch noch die Kategorie der Midijobs. Insgesamt darf man damit höchstens 1.300 Euro im Monat verdienen. Der Midijob ist als Niedriglohn-Job sozialversicherungs- und steuerpflichtig, die Beiträge sind aber reduziert.

Wenn Sie einen Mini- und einen Midijob kombinieren, zählt Letzterer wie eine sozialversicherungspflichtige Hauptbeschäftigung, sodass der Minijob abgabenfrei ist. Mehrere Jobs innerhalb der gleichen Kategorie werden allerdings addiert: So gilt bei Minijobs die Sozialversicherungs- und Steuerfreiheit nur, wenn auch mehrere Minijobs zusammen die 450-Euro-Grenze insgesamt nicht überschreiten.

Wenn Sie nun also die ideale Nebenjob-Konstellation für sich gefunden haben, seien Sie ruhig ein bisschen stolz auf sich: Sie bringen Ihre Finanzen voran, tun etwas für Ihre Altersvorsorge und erweitern Ihren Erfahrungshorizont. Ausgezeichnet!

Der wichtigste Karrieretipp von allen

Vielleicht haben Sie schon mal vom Impostor-Syndrom gehört. Es beschreibt den Umstand, dass viele Frauen, wie erfolgreich, klug und fantastisch sie auch sein mögen, stets von dem Gefühl begleitet sind, eigentlich unverdient in ihrer aktuellen Karriere-position angekommen zu sein. Sie fühlen sich, als wären sie ein Impostor – ein Hochstapler. Dieses Phänomen ist völlig unabhängig von der Position oder Leistung. Es betrifft auch Frauen, die ihre Kompetenzen und Fähigkeiten längst unter Beweis gestellt haben. Sheryl Sandberg zum Beispiel leitet bei Facebook das Tagesgeschäft, sie ist eine der mächtigsten Managerinnen der Welt. Trotzdem erzählt sie, dass sie sich schon während des Studiums unzureichend gefühlt habe. Noch heute wache sie manchmal morgens auf und fühle sich wie eine Betrügerin, »unsicher, ob ich dort, wo ich bin, auch wirklich hingehöre«.

Auch die Schauspielerin Kate Winslet, der ihre Großartigkeit unter anderem mit einem Oscar und vier Golden Globes bestätigt wurde, berichtet, sie fürchte oft die Vorstellung, dass mit einem Mal alle am Set bemerken würden, »dass ich es überhaupt nicht kann und sie die absolut Falsche engagiert haben«. Diese biestigen Selbstzweifel haben keine reale Grundlage.

Es ist wichtig, das zu wissen – vor allem dann, wenn Sie die Möglichkeit bekommen, eine neue Position mit mehr Verantwortung zu übernehmen. Wenn Sie also nur ein kleines bisschen Lust auf den neuen Job haben, beherzigen Sie den wichtigsten Karrieretipp von allen: Sagen Sie ja. Denken Sie an die beachtliche Zahl von Männern in Ihrem Arbeitsumfeld, die – wir sagen es liebevoll – vielleicht minimal übersteigerte Egos vor sich hertragen. (Wir wissen, dass es eine beachtliche Zahl ist, das ist nämlich überall so.) Würden die zögern, wenn sie die Chance auf eine Beförderung hätten? Würden die sich Tag und Nacht mit der Frage quälen, ob sie wirklich gut genug dafür sind? Nein, die würden sich auf die Schulter klopfen, das Ego noch ein bisschen mehr aufblasen und ein großes Bier bestellen. Damit es keine Missverständnisse gibt: Es ist wirklich nicht erstrebenswert, sich auch so ein Gockel-Ego zuzulegen. Aber in diesem einen einzigen kleinen Punkt schauen Sie sich was ab und treffen Sie Ihre Entscheidung, ohne auf die Stimmen des Zweifels zu hören. Wenn Ihnen der Job gefallen könnte, wenn er mehr Geld verspricht, dann holen Sie ihn sich.

Darauf ein Helles!

Wie man sein Einkommen einteilt

Wenn Sie sich einen Überblick über Ihre Finanzen verschafft haben und am Ende jeden Monats etwas übrig bleibt, sind Sie schon mal in einer ganz guten Ausgangssituation. Im allerbesten Fall geben Sie für die Miete nicht mehr als ein Drittel Ihres Nettoeinkommens aus, und die Fixkosten insgesamt beanspruchen nicht mehr als die Hälfte Ihres Gehalts. In so einem Fall sollten Sie danach streben, mindestens zehn Prozent Ihres Einkommens zu sparen (mehr ist auch erlaubt!), weitere zehn Prozent, falls Sie Schulden abbauen müssen.

Das ist allerdings eine Idealrechnung – und angesichts der massiv gestiegenen Mieten vielerorts für die meisten Menschen nicht zu schaffen. Nehmen Sie es also nicht zu schwer, wenn Sie mit Ihrem Geld gerade so auskommen. Sie sind schließlich schon auf dem besten Weg!

Zwei hilfreiche Tricks: Lassen Sie den Betrag, den Sie sparen möchten, immer gleich am Anfang des Monats oder am Tag Ihres Gehaltseingangs abbuchen. Geld hat die wundersame Eigenschaft, immer ausgegeben zu werden, wenn es da ist – machen Sie es ihm also nicht zu leicht.

Außerdem kann es helfen, gerade wenn Sie erst anfangen, sich mit Ihren Finanzen zu beschäftigen, wenn Sie für einen bestimmten Zeitraum über Ihre Ausgaben Buch führen. Das können Sie über eine kostenlose App machen, da gibt es unzählige Angebote, oder klassisch mit Stift und Notizbuch. Das führt vor allem dazu, dass Sie ein besseres Gefühl für Ihre Ausgaben bekommen.

Vielleicht kennen Sie Menschen, die ständig zu spät kommen? Das liegt bei den meisten nicht daran, dass sie respektlos wären (auch wenn das von ihrer Umwelt oft so empfunden wird). Sondern daran, dass sie keine oder eine falsche Vorstellung davon haben, wie lange Dinge tatsächlich dauern. Bei Finanzen ist das ähnlich: Viele Leute haben gar keine richtige Vorstellung davon, wo ihr Geld hinkommt, was wie viel kostet und zu welchem Betrag sich der tägliche kleine Kaffee auf dem Heimweg am Ende summiert.

Dabei geht es übrigens keineswegs darum, den Kaffee einzusparen – sondern nur darum, sich bewusst zu entscheiden, ob man ihn wirklich genießt und er deshalb 80 Euro im Monat wert ist, oder ob er eine schlechte Angewohnheit ist, die man sich nicht nur im Wortsinn sparen könnte.

Alternativ bieten auch Apps, wie zum Beispiel *Finanzguru*, einen automatisierten Überblick über die monetäre Lage und erinnern sogar daran, Verträge rechtzeitig zu kündigen. Das ist praktisch, allerdings nichts für Menschen, die gesteigerten Wert auf Datenschutz legen. Zudem gibt es Regulierungsbestrebungen, die diesen Apps noch zusetzen könnten. Im Endeffekt ist es eine Frage der persönlichen Haltung und des Geschmacks, ob das eine Option für Sie sein kann oder nicht.

Und egal, wie Sie es verwalten, bei der Einteilung Ihres Einkommens ist eine weitere Sache noch wichtig: Wenn Sie Sonderzahlungen bekommen, sei es Preisgeld oder eine Erbschaft, legen Sie unbedingt einen Teil gleich für die Steuer zur Seite – sonst könnte eine Nachforderung vom Finanzamt die Freude über das Extrageld ganz schlimm verderben. (Details zu Freibeträgen lesen Sie im Kapitel übers Erben ab Seite 200)

Besonders vorbildlich sind Sie übrigens, wenn Sie sich zur Gewohnheit machen, von allen Extrazahlungen einen besonders großen Anteil für die Vorsorge abzuzweigen. Aber bei aller Planung: Ihr Geld ist dazu da, Ihnen Vergnügen zu bereiten. Also vergessen Sie nie, auch ein bisschen etwas davon unvernünftig zu verschwenden!

Papierkram

Wenn Ihre Unterlagen geordnet, Ihre Ordner hübsch beschriftet sind und Sie immer alles finden: Herzlichen Glückwunsch. Sie sind eine Göttin. Ändern Sie bloß nichts, denn im Umgang mit Unterlagen ein System gefunden zu haben, das funktioniert, ist Gold wert.

Wenn Sie im Umgang mit Papierkram allerdings ein wenig irdischer sind, hilft Ihnen vielleicht dieses Kapitel.

Die Notfallstrategie für Papierchaos

Wenn Sie bislang wenig Überblick über Ihre Finanzen haben, liegt das vielleicht auch daran, dass Sie Chaos in Ihren Unterlagen haben. Keine Sorge: Das passiert den Besten. Und egal, ob Sie bloß ein bisschen Durcheinander in Ihren Ordnern haben oder ob sich in jeder Ecke Ihrer Wohnung Stapel von undefiniertem, schon leicht angestaubtem Papier eingenistet haben, Sie sind damit nicht alleine. Viele Menschen schleppen Papierchaos über Jahre oder sogar Jahrzehnte mit und erleben das als permanente Belastung. Aber egal, wie groß Ihnen das Chaos vorkommen mag, Sie werden es bewältigen. Gehen Sie Schritt für Schritt vor. Am Ende werden Sie frei, erleichtert und voll neuer Energie sein.

Versammeln Sie all Ihr Papier an einem Ort. Da müssen Sie jetzt durch: Holen Sie alle Ihre Unterlagen zusammen. Das betrifft

Ordner genauso wie verirrte Kontoauszüge und, erwischt, unge-öffnete Post. Schnappen Sie sich einen Wäschekorb und gehen Sie systematisch durch Ihre Wohnung. Papier hat die biestige Angewohnheit, sich nicht nur an einem Ort zu stapeln, sondern sich immer neue Ecken zu suchen, wo es ungestört zu immer größeren Stapeln anwachsen kann.

Akzeptieren Sie Ihre Gefühlslage. Sich mit seinem eigenen Chaos auseinanderzusetzen ist oft auch eine emotionale Angelegenheit. Wenn Ihr Wäschekorb nun also gut gefüllt ist (oder wenn Sie so-gar zwei gebraucht haben, was keineswegs verwerflich ist!), dann fühlen Sie sich möglicherweise gerade gar nicht gut. Denken Sie daran, dass Sie gerade dabei sind, den wichtigsten Schritt zu Ihrem neuen finanziellen Wohlbefinden zu machen. Akzeptie-ren Sie, dass Sie sich jetzt für dreißig Minuten oder auch für zwei, drei Stunden nicht besonders wohlfühlen werden. Das ist in Ordnung. Sie können dieses Gefühl aushalten und trotzdem Ihr Ziel verfolgen.

Sortieren Sie wie eine Weltmeisterin. Jedes einzelne Blatt Papier aus Ihrem Korb wird nun nach Kategorien sortiert. Alle Konto-auszüge auf einen Stapel, Gehaltsabrechnungen auf einen zwei-ten. Stromabrechnungen, Unterlagen von der Krankenkasse, al-les bekommt einen eigenen Stapel. Unterlagen, die zu Kindern gehören, werden nach Kind sortiert. Ungeöffnete Post, falls Sie welche haben, ist eine eigene Kategorie. Machen Sie außerdem einen Stapel für Unterlagen, die eine unmittelbare Aktion erfor-dern, also Mahnungen, unbezahlte Rechnungen oder Papiere, die zu einer Reklamation gehören, die Sie noch einreichen müssen. Alles andere, wie Werbebroschüren, Möbelkataloge und was auch immer Sie sonst nicht mehr brauchen, wandert sofort in die Müll- oder Altpapiertonne. Schmeißen Sie großzügig weg. Ein Stapel ist erlaubt für Lesestoff wie Zeitschriften oder Veranstaltungsflyer, die Sie interessieren. (Wohlgemerkt ein Stapel. Wenn Sie zehn ungelesene Ausgaben eines Magazins besitzen, das Sie abonniert haben, werden Sie die nicht mehr nachlesen. Vermutlich interessiert Sie dieses Heft einfach nicht mehr.)

Ran an den Frosch. Falls Sie sich schon einmal mit Zeitmanagement beschäftigt haben, kennen Sie vielleicht das sogenannte Eat-the-frog-first-Konzept: Danach sollte man die schlimmste Aufgabe des Tages immer zuerst anpacken. Weil man andernfalls bei allen anderen Aufgaben unterbewusst Zeit vertrödelt, nur um damit diese eine unangenehme Aufgabe vor sich herzuschieben. Und vor allem, weil man gleich ein Erfolgserlebnis hat, das einen durch die restlichen Aufgaben trägt.

So ähnlich machen Sie es jetzt auch: Das Schlimmste kommt zuerst. Falls Sie ungeöffnete Post haben, ist das für Sie garantiert die größte Überwindung – denn sonst hätten Sie sie ja schon aufgemacht. Fangen Sie also damit an und sortieren Sie den Inhalt nach den gleichen Kriterien, wie Sie es schon mit den restlichen Unterlagen gemacht haben.

Wenn alles sortiert ist, widmen Sie sich sofort dem Sonderstapel mit den Unterlagen, die nach einer unmittelbaren Aktion verlangen, also etwa eine Zahlung erfordern. Das erspart Ihnen Mahngebühren und Ärger. Schon wenn Sie diese unmittelbar notwendigen Dinge bezahlt und erledigt haben, werden Sie sich ein ganzes Stück besser fühlen. Und allein das Wissen, dass in

Ihrem Papierberg nun keine schlimmen Überraschungen mehr auf Sie warten, wird Ihnen ein großartiges Gefühl verschaffen.

Je nachdem, wie umfangreich Ihr Ausgangschaos war, haben Sie nun vielleicht nur ein paar Minuten oder schon einige Stunden Zeit und Energie investiert. In jedem Fall ist jetzt ein sehr guter Moment für einen kleinen Schnaps (und ein Avocadosandwich, wenn Sie möchten). Nützen Sie die kleine Pause aber nicht, um sich heimlich davonzumachen und Ihr Papier wieder seinem Schicksal zu überlassen! Es würde Sie ohnehin wiederfinden. Wir sind noch nicht am Ende, aber Sie haben den schlimmsten Teil schon geschafft.

Ordnen. Die meisten Menschen sortieren ihre Unterlagen in klassische Ordner, andere bevorzugen die Hängeregister. Beide Systeme funktionieren gleichermaßen, es ist lediglich eine Frage Ihres persönlichen Geschmacks. Wir gehen hier nachfolgend von Ordnern aus. Wie viele und welche Ordner-Kategorien sinnvoll sind, hängt natürlich von individuellen Lebensumständen ab – falls Sie also ein bürokratieintensives Hobby betreiben oder zufällig zu ein paar Tausend Hektar Waldbesitz gekommen sein sollten, müssen Sie möglicherweise aufstocken.

CHECKLISTE

EiN ORDNER FÜR JEDE DiESER KATEGORiEN

€ **Persönliche Dokumente:** Dazu gehören etwa Geburts-
urkunde, Ausweiskopien, Vollmachten, Impfpass,
persönliche Versicherungen. Jeder in Ihrem Haushalt
braucht einen eigenen Ordner.

€ **Job:** Abizeugnis, Studienabschlusszeugnis, alle Nachweise
über Weiterbildungen, Empfehlungsschreiben, Dienstver-
träge

€ **Kontoauszüge und Wertpapierunterlagen**

€ **Gehaltsabrechnungen**

€ **Steuer- und Rentenbescheide**

€ **Wohnen:** Mietverträge, Strom, Gas, Wasser,
Hausratsversicherung

€ **Gesundheit:** alle Befunde und die Kommunikation
mit der Krankenkasse

€ **Auto:** Prüfberichte und Versicherungsunterlagen

€ **Garantien und Gebrauchsanweisungen:** Dieser Ordner ist
eigentlich verzichtbar. Garantien sollten Sie behalten, die

meisten Anleitungen können Sie aber guten Gewissens entsorgen, schließlich finden Sie fast alles heute auch im Internet. Aber falls Sie sie aufheben möchten – und viele Menschen möchten das –, dann sammeln Sie sie konzentriert in einem Ordner.

€ **Kinder:** für jedes einen Ordner anlegen

Die mühsam erkämpfte Ordnung möchten Sie nun selbstverständlich behalten. Das ist gar nicht so schwer, wenn Sie sich an diese Regeln halten:

Sammeln Sie alle Papiere, die Ihnen ins Haus flattern, an einem einzigen Ort. Legen Sie sich dafür einen Posteingangskorb zu.

Definieren Sie einen fixen Termin jede Woche, zum Beispiel mittwochs um 20 Uhr oder immer Samstagvormittag um 10.30 Uhr, an dem Sie sich um Ihre Unterlagen kümmern. Schreiben Sie den Termin in Ihren Kalender und arbeiten Sie dann alles ab, was im Posteingangskorb ist. Bezahlen Sie die Rechnungen und sortieren Sie Unterlagen, die Sie aufheben wollen oder müssen, in den richtigen Ordner.

Werfen Sie weg. In den Ordnern brauchen Sie immer nur die aktuellste Version Ihrer Versicherungspolice, kein Zehnjahresarchiv. Es sollen Ordner sein, die Sie auch tatsächlich aktiv benutzen. Unterlagen, die Sie nicht mehr benötigen, aber zu deren Aufbewahrung Sie verpflichtet sind, lagern Sie an einen wenig frequentierten Ort aus, zum Beispiel im Keller, am Dachboden oder in der unzugänglichsten Ecke Ihrer Abstellkammer.

INTERVIEW

TiPPS VON DER ORDNUNGSBERATERIN VERONiCA ZAPP

Frau Zapp, warum ist das so schwer mit dem Papierkram?

Veronica Zapp: Weil wir alle viel zu viel davon haben. Man könnte denken, Papier hat die magische Fähigkeit, sich wie verrückt zu vermehren, weil ständig etwas nachkommt. Jeden Tag ist irgendetwas im Briefkasten. Dazu kommt, dass die meisten Menschen ohnehin nicht gerne Bürokratisches erledigen. Die Post wird also liegen gelassen, und es entsteht ein Stapel, in dem man Kontoauszüge genauso findet wie die Werbung vom Pizzazustelldienst oder eine alte Stromrechnung. Und wenn es sich einmal angesammelt hat, verschließt man erst recht gerne die Augen davor.

Könnte man das nicht auch einfach so lassen?

Chaos raubt viel Energie. Man sieht das auch daran, was passiert, wenn man so richtig ausgemistet und Ordnung gemacht hat. Die Menschen haben einen ganz anderen Schwung, gehen wieder aus, entdecken ein neues Hobby. Häufig geht es finanziell bergauf, weil man zum ersten Mal den Überblick darüber hat, wo das Geld eigentlich jeden Monat hinkommt.

Aber es ist schon auch ganz schön anstrengend, oder?

Wenn sich die Unordnung schon eine Zeitlang gesammelt hat, ist es eine Überwindung, das stimmt. Es hilft aber zu wissen, dass es fast allen Menschen so geht. Nur eine kleine Minderheit kümmert sich gerne um die Ablage. Alle anderen sollten sich vergegenwärtigen: Wenn man ein System etabliert hat, reicht es völlig, sich einmal in der Woche für zwanzig oder dreißig Minuten hinzusetzen und den Stapel abzuarbeiten. Nach ein paar Wochen wird das Routine und fällt Ihnen gar nicht mehr auf. Und im Gegenzug bekommen Sie ein völlig neues Gefühl von emotionaler und finanzieller Freiheit. Das lohnt sich wirklich, versprochen.

Veronica Zapp *arbeitet als Ordnungsberaterin. Bei ihren Kundinnen hat sie schon Chaos in allen Ausmaßen gesehen und sortiert. Sie lebt mit ihrem Mann und zwei Kindern bei München – in einem verdammt aufgeräumten Haushalt.*

Wie man die
Steuererklärung überlebt

Die Steuererklärung ist die Königsdisziplin der Bürokratiebe-
wältigung – und für viele Menschen ein jährlicher Albtraum.
Das muss aber nicht so sein. Wenn Sie ein paar Tricks kennen,
werden Sie es vielleicht sogar mögen. Denn mit größter Wahrscheinlichkeit werden Sie Geld vom Staat zurückbekommen. In
Deutschland passiert das in neun von zehn Fällen, im Durchschnitt beträgt die Rückzahlung 970 Euro. In Österreich ist der
Durchschnittswert mit 270 Euro Erstattung niedriger, aber mal
ehrlich: Überlegen Sie mal, wie viel Spaß man mit 270 Euro haben kann. Eben. Und egal, wie hoch Ihre Erstattung am Ende
ausfällt, einen klitzekleinen Teil dürfen Sie dann unvernünftig
auf den Kopf hauen. (Vielleicht auch einen größeren. Wir sind ja
nicht so.)

Zunächst müssen Sie entscheiden, ob Sie Ihre Steuererklärung alleine oder mit einem Steuerberater, einer Steuerberaterin
machen möchten. Wenn Ihnen Papierkram nicht besonders
liegt, lohnt sich die Steuerberaterin vielleicht allein schon deshalb, um Ihre Nerven zu schonen. Wenn Sie es selbst machen,
gibt es ein paar nützliche Anlaufstellen und sogar eigene Apps,
die Ihnen helfen können. In diesem Kapitel stellen wir Ihnen
Strategien für beide Varianten vor.

Die Do-it-yourself-Steuererklärung

Eine Steuererklärung abzugeben lohnt sich auch für Arbeitnehmer, die dazu eigentlich gar nicht verpflichtet wären, weil der Staat sich seinen Anteil ohnehin Monat für Monat direkt vom Gehaltszettel holt. Ganz wichtig: Wer mehr als 410 Euro Kurzarbeitergeld bekommen hat, ist verpflichtet, eine Erklärung abzugeben. Sammeln Sie also auf jeden Fall gleich von Jahresanfang an alle Belege, die Ausgaben für Ihren Beruf betreffen. Diese Posten nennt man Werbungskosten. Ein Fächerordner eignet sich gut dafür. Wer während Corona im Homeoffice gearbeitet hat, kann das in Deutschland 2020 und 2021 übrigens pauschal absetzen.

Legen Sie aber nicht nur Belege für berufliche Ausgaben zur Seite, sondern alles, was möglicherweise absetzbar sein könnte. Das können Rechnungen für Ihre Versicherungen und Altersvorsorge-Verträge sein, Depotauszüge, Rechnungen für Kinderbetreuung, Haushaltshilfe oder Handwerker.

Auch privat bezahlte Arztrechnungen und alle Belege von Ausbildungs- oder Coaching-Kosten kommen in diesen Ordner. Gleiches gilt für Spendenbelege oder Mitgliedsbeiträge für Parteien.

Diese Belege müssen Sie nach Erhalt des Steuerbescheids mindestens ein Jahr lang aufheben. Einreichen müssen Sie sie aber nur, wenn das Finanzamt Sie direkt dazu auffordert.

Was Steuererklärungen für Menschen, die keine Finanzfreaks sind, so abschreckend macht, ist die seltsame Sprache und die Fülle an Fachausdrücken. Das merken Sie auch, wenn Sie sich zum ersten Mal an die elektronischen Steuerformulare wagen. Nehmen

Sie trotzdem nicht sofort Reißaus, schließlich haben Sie schon bewiesen, dass Sie das Herz einer Löwin haben (sonst wären Sie gar nicht auf die Idee gekommen, Ihre Steuererklärung selbst machen zu wollen). Denken Sie auch daran: Wenn Sie es jetzt schaffen, wird es mit jedem Jahr ein bedeutendes Stück leichter.

In Deutschland bietet die Finanzverwaltung zwei elektronische Wege an: das Programm *ElsterFormular* oder die Internetseite *Mein Elster*. Dafür müssen Sie sich unter *www.elster.de* registrieren. In Österreich funktioniert das unter *www.finanzonline.at.*

Wenn Ihnen nicht klar ist, was Sie wo eintragen müssen und Ihnen die Erläuterungen nicht weiterhelfen, können Sie auch direkt die Finanzbeamten befragen. Die deutschen wie die österreichischen Finanzämter haben dafür Servicestellen und Infocenter eingerichtet.

Allerdings geben die Beamten nur Auskunft bei Verständnisfragen, aber keine Beratung in Hinblick auf die Frage, was für Sie besonders steuerschonend ist. Besonders komplizierte oder strittige Fragen können Sie auch direkt mit dem für Sie zuständigen Sachbearbeiter klären. (Nur keine Scheu – immerhin sind Sie eine Heldin im Bürokratiedschungel, da helfen die Ihnen bestimmt mit Freude.)

Was das ganze Prozedere leichter macht: Die deutsche Finanzverwaltung bietet einen sogenannten Belegabruf an. Dabei werden viele Daten, die das Finanzamt ohnehin erhält, automatisch in die elektronische Steuererklärung übernommen. Sie müssen sie also nicht mehr mühsam per Hand in ein Formular eintragen.

Zu diesen E-Daten gehören: Name, Adresse, Bankkonto, Geburtsdatum, Steuer-und Identifikationsnummer sowie der Religionsschlüssel, aber auch die vom Arbeitgeber übermittelte Lohnsteuerbescheinigung mit den gesamten Daten zu Gehalt, Lohn- und Kirchensteuer, Solidaritätszuschlag sowie den abgeführten Sozialversicherungsbeiträgen; Mitteilungen über Rentenzahlungen und Lohnersatzleistungen wie Eltern- oder Arbeitslosengeld.

Diese in der Regel bis Ende Februar elektronisch gemeldeten Daten können Sie bei der vorausgefüllten Steuererklärung einfach übernehmen. Das spart Arbeit und schließt Übertragungsfehler praktisch aus. Und es sieht, für eine Steuererklärung, wirklich todschick aus. Auf Youtube gibt es hilfreiche Videos dazu.

In Österreich ist es sogar noch einfacher: Seit 2017 gibt es für alle österreichischen Steuerzahler eine sogenannte antragslose Arbeitnehmerveranlagung. Unter bestimmten Voraussetzungen muss man also noch nicht mal eine Steuererklärung abgeben und bekommt trotzdem ganz automatisch Steuern erstattet.

Das passiert dann, wenn man bis Juni keinen Antrag eingereicht hat, wahrscheinlich etwas zurückbekommt, aber auch nichts groß absetzen kann. In Österreich übermitteln Kirchen, Vereine und Versicherungen automatisch ihre Daten an das Finanzamt, sodass zumindest die Steuern dafür automatisch erstattet werden können.

Nützliche Helfer

Wenn Sie mehrere Veranlagungen ausfüllen müssen (also etwa für Kinder, Kapitalanlagen, Nebeneinkünfte) und gleichzeitig nicht so genau wissen, was es mit Begriffen wie Werbungskosten, Sonderausgaben und außergewöhnlichen Belastungen auf sich hat, lohnt sich wahrscheinlich die Anschaffung einer Steuersoftware. Die kostet zwischen 15 und 40 Euro, hilft bei der Eingabe der Daten und liefert Tipps zum Steuersparen. Sie benötigen allerdings für jedes Jahr eine neue Fassung – die Version aus dem Vorjahr ist bereits veraltet.

Alternativ dazu gibt es neuerdings auch Apps, die bei der Steuererklärung helfen. In Deutschland etwa *Steuerbot*, *Taxfix*, *Wundertax* oder *Smartsteuer*. Bei diversen Tests schnitt *Steuerbot* am besten ab – und ist noch dazu kostenlos, leicht zu bedienen und seriös. Großer Vorteil: Die Optik dieser App ist im Chatstil gehalten, Nutzer werden Frage für Frage durch die Eingabe gelotst, ganz ohne Bürokratendeutsch. Die App denkt auch mit und bietet die wahrscheinlichste Antwortoption immer als Erste an. In Österreich gibt es derzeit noch keine guten Steuer-Apps, aber das kommt bestimmt noch.

Und noch eine Alternative: In Deutschland kann man sich auch an die sogenannten Lohnsteuerhilfevereine wenden. Das ist deutlich billiger, als einen Steuerberater zu engagieren. Mitglied werden dürfen Arbeitnehmer, Beamte und Auszubildende sowie Rentner und Pensionäre, nicht aber Freiberufler und Gewerbetreibende.

Außerdem dürfen die Einkünfte aus Vermietung und Verpachtung, Kapitalvermögen und sonstige Einkünfte 13.000 Euro pro Person nicht übersteigen. Die Höhe des Arbeitseinkommens ist aber wiederum egal. Wer die Steuererklärung an einen Verein auslagern will, muss einmalig eine Aufnahmegebühr und dann einen jährlichen Mitgliedsbeitrag zahlen. Der hängt vom Einkommen ab, kann aber 350 Euro nicht überschreiten. Für Einkommen von 50.000 Euro sind zum Beispiel bei Steuerring, einem der größten Vereine, 155 Euro fällig; wer weniger verdient, zahlt 55 Euro. Je nach Steuerberater oder Steuerberaterin kommt man im Verein also womöglich deutlich günstiger weg.

Hilfe von der Steuerberaterin

Gerade wenn Steuerfragen nicht Ihre Leidenschaft sind, kann Ihnen ein Besuch bei der Steuerberaterin auf jeden Fall Nerven und mit ein bisschen Glück auch noch Geld einbringen. Je unkomplizierter Ihre Steuerangelegenheiten sind, desto günstiger wird es. Unkompliziert bedeutet auch, die eigenen Unterlagen möglichst gut und vollständig vorbereitet zu haben.

Wenn Sie Ihre Belege also nicht in dem berühmten Schuhkarton gesammelt haben, sondern einigermaßen brav sortiert, ist das hilfreich, um die Kosten zu minimieren. Wie viel die Steuererklärung am Ende kostet, sehen Sie erst hinterher. Aber fragen Sie nach dem Stundensatz und einer ungefähren Einschätzung, dann bekommen Sie eine Vorstellung, wie hoch die Rechnung am Ende ausfallen wird.

CHECKLISTE

DIESE UNTERLAGEN BRAUCHT
MAN FÜR DIE STEUERERKLÄRUNG

€ Bescheinigungen zu allen Versicherungen, die Sie abgeschlossen haben

€ Spendenbelege

€ Steuerberaterhonorare

€ Kosten für Kindertagesstätte und Hort

€ Ausbildungskosten, wie Studiengebühren und Fahrtkosten

€ Belege für haushaltsnahe Dienstleistungen und Beschäfti-
gungen, wie Handwerker oder Reinigungskräfte. Vergessen
Sie zu der Rechnung nicht den passenden Bankbeleg oder
Kontoauszug. Wenn Sie die Handwerker bar bezahlen,
können Sie es mitunter nicht mehr absetzen. Auch die
Nebenkostenabrechnung einer Mietwohnung gehört da
dazu.

€ Ihre eigene elektronische Lohnsteuerbescheinigung

€ Belege über Lohnersatzleistungen, wie Elterngeld oder
Arbeitslosengeld

€ Werbungskosten, wie Fahrt zur Arbeit, doppelte Haushalts-
führung, unter ganz bestimmten Umständen das Arbeits-
zimmer im eigenen Haushalt. Aber auch Fortbildungskos-
ten, Fachliteratur und Computer oder Tablets, falls Sie sie
dienstlich benötigt haben.

€ Kapitaleinkünfte, wie Depotauszüge, Jahresbescheinigun-
gen der Bank

€ Unterlagen, falls Sie Immobilien oder Wertpapiere verkauft
haben

€ Und den Nachweis über sonstige Einkünfte, zum Beispiel
Unterhaltszahlung vom getrennt lebenden Partner

Und bis wann das alles?

Wichtige Fristen, die Sie kennen sollten

In Deutschland müssen Sie die Erklärung bis zum 31. Juli des Folgejahres abgeben (die Steuererklärung für 2019 muss also bis zum
31. Juli 2020 zum Finanzamt). Wenn Sie Ihre Steuererklärung von
einem Steuerberater oder einem Lohnsteuerhilfeverein ausfüllen
lassen, dann haben Sie sogar bis zum 2. März des darauffolgenden Jahres Zeit (in unserem Beispiel also bis 2. März 2021).

In Österreich hat, wer über die Plattform *Finanz-Online* seine
Daten eingibt, bis 30. Juni des Folgejahres Zeit. Die Fristen kön-

nen auf Antrag verlängert werden. Wenn Sie Ihre Steuererklärung mit einem Steuerberater abwickeln, haben Sie bis März des darauffolgenden Jahres Zeit (für die Steuerklärung 2019 also bis März 2021).

Kommt dann der Steuerbescheid, sollten Sie ihn unbedingt durchsehen – Finanzämter machen häufiger Fehler, als man glauben würde. Wenn Sie eine Steuerberaterin haben, übernimmt sie das automatisch. Sollten Sie mit dem Ergebnis nicht einverstanden sein oder Fehler entdecken, dann müssen Sie in Deutschland wie in Österreich innerhalb eines Monats Einspruch einlegen.

Schulden

Nun gut, möglicherweise sitzen Sie in der Tinte und können sich nicht vorstellen, dass jemals wieder bessere Zeiten kommen. Vielleicht hat die Pandemie Sie in Existenznot gebracht, vielleicht ist es auch weniger dramatisch, und Sie sind nur ein wenig in, nun ja, finanzieller Schieflage. Oder Sie überlegen eine Anschaffung, für die Sie einen Kredit aufnehmen müssten? Hier kommt, was Sie unbedingt wissen müssen.

Übersicht ist alles

Egal, ob Sie bloß mit ein paar Rechnungen in Verzug sind oder ob Sie sich bis zum Hals verschuldet haben – das absolut Wichtigste im Umgang mit Schulden ist immer, wirklich immer, den Überblick zu haben. Wenn Sie gar nicht genau wissen, wem Sie wie viel schulden und zu welchem Zeitpunkt Sie das Geld zurückzahlen müssen, ist es unmöglich, Ihre finanzielle Lage zu verbessern.

Zudem werden Sie, wenn Ihre Finanzsituation ungeklärt ist, ständig von einem dumpfen, unangenehmen Gefühl begleitet, das auch Bereiche Ihres Lebens negativ beeinflusst, die mit Geld eigentlich gar nichts zu tun haben. Sie haben weniger Energie und können Ihre Ziele, Projekte und Träume nicht so umsetzen, wie Sie es eigentlich verdienen. Wenn Sie es also noch nicht getan haben, verschaffen Sie sich einen Überblick. Im Kapitel »Einkommen« haben Sie schon gelesen, wie das geht.

Zahlungsrückstände

Wenn Sie nicht ernsthaft verschuldet, aber mit ein paar Rechnungen relevant im Rückstand sind, sortieren Sie nach Prioritäten: Kümmern Sie sich um Forderungen von Finanzämtern und Behörden immer zuerst – denn die können Ihnen den meisten Ärger machen. Kümmern bedeutet nicht, dass Sie diese Forderungen als Erstes begleichen müssen. Auch beim Finanzamt arbeiten Menschen, mit denen man reden kann. Wenn Sie dort also anrufen und freundlich fragen, ob Sie ein paar Wochen Zahlungsaufschub bekommen könnten, stehen Ihre Chancen gut, dass man Ihnen entgegenkommt. Wenn Sie dagegen nichts tun, Fristen verpassen und Briefe ignorieren, werden Ihnen die Behörden abenteuerlich hohe Mahngebühren in Rechnung stellen und irgendwann Ihr Konto pfänden.

Auch so eine Situation kann man lösen, aber Sie ersparen sich wirklich eine Menge Geld und Nerven, wenn Sie sich einmal überwinden und dort anrufen und freundlich sind.

Nach den Behörden kümmern Sie sich um Miete und Strom, danach um offene Rechnungen von Versandhäusern und Ähnlichem. Auch hier gilt übrigens: Sie handeln vergleichsweise leicht einen Zahlungsaufschub aus, aber wenn Sie sich nicht darum kümmern, schlägt sich das negativ auf Ihre Bonität nieder.

Außerdem haben viele Online-Händler ihre Seiten so programmiert, dass unliebsamen Kundinnen – die übermäßig viel zurückschicken oder zu spät bezahlen – viele Produkte als ausverkauft angezeigt werden, auch wenn eigentlich noch Ware vorhanden ist. Schlechte Zahlungsmoral kann also modische Spätfolgen hinterlassen.

Gute Schulden, schlechte Schulden

Grundsätzlich ist das vorrangige Ziel immer, Schulden so schnell wie möglich loszuwerden oder gleich zu vermeiden. Es gibt aber drei Ausnahmen, bei denen Schulden akzeptabel sind: Erstens, wenn Sie sich entschieden haben, eine Immobilie zu kaufen. (Lesen Sie später mehr dazu.)

Zweitens, wenn es eine Anschaffung ist, die sich sehr zeitnah rentieren wird. Wenn Sie also ein Auto brauchen, um einen Job anzunehmen, der Ihnen deutlich mehr Geld einbringt, ist das eine schlaue Entscheidung. (Die Betonung liegt allerdings auf »deutlich mehr«!)

Und drittens, wenn es absolut nicht anders geht. Auch wenn die Zeiten schlecht und Ihre Rücklagen aufgebraucht sind, müssen Sie Ihre Wäsche waschen. Wenn die Maschine also unwiderruflich verendet ist, lösen Sie das Problem und besorgen Sie eine neue.

Es ist absolut sinnlos, Ihre Zeit und Energie damit zu verschwenden, sich deshalb jetzt Sorgen zu machen (oder gar Berge von Wäsche zum Waschsalon zu karren). Sie wollen ja Ihre Finanzlage verbessern, und das gelingt garantiert nicht, wenn Sie nichts Sauberes mehr anzuziehen haben. Das Gegenteil von guten Schulden sind Konsumschulden. In der Kreide zu stehen, weil man seine Lust auf Shopping nicht zügeln kann, ist eine schlechte Angewohnheit, die sofort abgestellt werden muss. Sie werden ohnehin keinen Spaß an Ihren Einkäufen haben, denn egal, ob Ihnen der Sinn nach einem Heimkinosystem, einer Handtasche oder einem Schnellboot steht: Wenn Sie wissen, dass Sie es sich eigentlich nicht leisten können, kuschelt sich das schlechte Gewissen abends mit Ihnen auf die brandneue Couch.

Die Tücken der Null-Prozent-Finanzierung

Wenn Sie gut überlegt haben und sich trotzdem für einen Kauf entscheiden, den Sie nicht sofort bezahlen können oder wollen, bieten Ihnen Händler oft sogenannte Nullzinsfinanzierungen. Das mag im ersten Moment verlockend klingen: eine lange Laufzeit bei niedrigen Monatsraten, die scheinbar kaum ins Gewicht fallen.

Allerdings gibt es dabei mehrere Dinge zu beachten. Zum Ersten bedeutet eine Finanzierung mit niedrigen Monatsraten nicht, dass Sie für das Produkt auch wirklich einen günstigen Preis bezahlen. Möglicherweise bekommen Sie anderswo ohne die Finanzierung einen besseren Preis. Zweitens muss Ihnen klar sein, dass Sie es bei solchen Konstrukten oft mit zwei Vertragspartnern zu tun haben: dem Händler und der finanzierenden Bank.

Klären Sie auf jeden Fall vorab, was mit dem Kredit passiert, wenn Sie das Produkt zurückgeben möchten. Drittens, unterschätzen Sie die finanziellen Folgen nicht! Auch kleine Raten summieren sich, einkaufen auf Pump muss deshalb eine absolute Ausnahme bleiben. Prüfen Sie außerdem, ob versteckte Nebenkosten oder Gebühren das Angebot verteuern. Unter bestimmten Umständen fließen Nullzinsfinanzierungen auch in die Bewertung Ihrer Kreditwürdigkeit ein.

Das kann auch von Bedeutung sein, wenn Sie in ein paar Jahren vielleicht einen anderen Kredit aufnehmen müssen. Überlegen Sie also gut, ob Sie sich wirklich langfristig verschulden wollen oder ob Sie den Kauf nicht doch schneller und mit höheren Raten abzahlen können.

Die Tücke des Dispos

Der Dispokredit auf dem Girokonto ist zweifelsfrei eine praktische Sache – und er gibt die Sicherheit, dass der Dauerauftrag für die Miete, die Kosten für die Kinderbetreuung oder die letzte Kartenzahlung aus dem Supermarkt auch dann abgebucht werden, wenn Ihr Gehalt später als üblich überwiesen wird oder die Lage aus anderen Gründen kurzfristig eng ist.

Diese Möglichkeit, mit dem Konto ins Minus zu rutschen, richten Banken meist automatisch ein, wenn Sie ein regelmäßiges Einkommen haben. Es ist eine Art jederzeit abrufbarer Kredit – und diese Bequemlichkeit ist teuer.

Denn die Sollzinsen für ein überstrapaziertes Girokonto sind dramatisch höher als bei einem normalen Kredit. Bis zu zwölf oder sogar dreizehn Prozent der Schuldensumme pro Jahr berechnen Ihnen die Banken dafür, abgerechnet wird tageweise.

Wenn es also nur um ein paar Tage oder Wochen geht, ist das eine praktikable Lösung. Wenn Sie über einen längeren Zeitraum verschuldet sind, ist es wesentlich günstiger, eine andere Form der Finanzierung zu suchen.

Rahmenkredite

Viele Banken und Sparkassen bieten für Kunden mit geregeltem Einkommen sogenannte Abrufkredite oder Rahmenkredite an, in der Regel maximal 50.000 Euro für teilweise schon vier bis fünf Prozent Zinsen. Dabei eröffnet man ein Kreditkonto und vereinbart einen Kreditrahmen, über den man frei verfügen kann. Nicht immer muss man dafür auch das Girokonto bei der jeweiligen Bank haben. Zinsen bezahlt man nur für den in Anspruch genommenen Betrag. Eine feste Laufzeit hat dieser Kredit nicht; die Höchstsumme ist aber begrenzt und hängt zumeist vom Einkommen ab. Viele Banken verlangen eine monatliche Mindesttilgung, häufig zwei Prozent des Kreditbetrags.

Ratenkredite

Die bekannteste Variante der Verschuldung ist ein Ratenkredit. Auch dafür zahlen Sie deutlich weniger Zinsen als für Ihren Dispokredit. Wenn Sie aber einen Ratenkredit abschließen, lassen Sie sich von Ihrer Bank auf gar keinen, gar keinen Fall eine Restschuldversicherung aufschwatzen – mit dem Argument, Sie bräuchten so etwas, wenn Sie wegen Arbeitslosigkeit oder Krankheit die Raten nicht zahlen können. Das klingt zunächst toll, allerdings beinhalten solche Angebote so viele Ausschlusskriterien, dass die Versicherungen im Ernstfall oft gar nicht zahlen.

Gemessen daran sind die Kosten für so eine Versicherung viel, viel zu hoch – man bezahlt oft mehr als zwanzig Prozent der gesamten Kreditsumme jährlich. Das ist absolut inakzeptabel. Achtung: Weil viele Banken genau wissen, dass diese Produkte in Verruf sind, denken sie sich oft hübsche neue Namen dafür aus, wie »Kreditlebensversicherung« oder »Restkreditversicherung«. Oder sie lassen durchblicken, man bekäme den Kredit nur, wenn man auch diese Versicherung abschließt. Lassen Sie sich nicht einschüchtern, gehen Sie im Zweifel lieber zu einer anderen Bank.

Ohnehin sollten Sie die Kreditkonditionen vorab im Internet vergleichen. Wenn Sie einfach in Ihre Bankfiliale gehen, bekommen Sie selten das beste Angebot. Vergleichsportale wie *Check 24*, *Verivox*, *Financescout24*, *Toptarif* und *Biallo* geben einen guten Überblick. Prüfen Sie aber immer mehrere dieser Portale, denn manchmal zeigen Anbieter nur Angebote jener Banken an, mit denen sie kooperieren. (Was soll man sagen, es gibt einfach keinen Altruismus im Bankgeschäft.)

Haben Sie schließlich einen Kreditvertrag unterschrieben und sind plötzlich doch unsicher, ob Sie die Belastung stemmen können und wollen, haben Sie immer noch eine Rücktrittsoption. Sowohl in Deutschland als auch in Österreich haben Sie das Recht, den Vertrag innerhalb der nächsten zwei Wochen, nachdem Sie die Vertragsurkunde bekommen haben, zu widerrufen. Diese Widerrufsfrist gilt auch, falls Sie sich doch eine Restschuldversicherung haben andrehen lassen. Sie können von dieser Vereinbarung zurücktreten, selbst wenn der eigentliche Kredit ganz normal weiterläuft.

Umschulden

Eine weitere Möglichkeit, Geld zu sparen, ist die Umschuldung eines teuren Kredits: Dank neuer EU-Regeln kann man aber inzwischen einen Ratenkredit auch ohne enorme Gebühren umschulden, also einfach zu einer anderen Bank gehen, die bessere Konditionen anbietet. Um den alten Kredit loszuwerden, fällt meist eine Vorfälligkeitsentschädigung an, von etwa einem Prozent der Restschuld.

Ob sich die Sache lohnt, hängt natürlich von den Zinsen des alten Darlehens und der Höhe der Restschuld ab, die man umschulden will (eine genaue Aufstellung finden Sie im Tilgungsplan, den Sie mit den Unterlagen von der Bank bekommen haben). Dabei kann man mitunter mehrere Tausend Euro sparen. Je höher Restlaufzeit und Restschuld sind, desto größer ist die potenzielle Ersparnis.

Haben Sie trotzdem Schwierigkeiten beim Abbezahlen eines Ratenkredits, ist das Wichtigste, nicht in den Verdrängungsmodus zu schalten, sondern möglichst frühzeitig nach Hilfe zu suchen und Entlastungsoptionen zu prüfen. Schuldnerberatung, Verbraucherzentralen und in Österreich die Arbeiterkammer helfen. Gilt es nur einen kurzfristigen Engpass zu überstehen, können Sie bei Ihrer Bank nach einer Stundung fragen. Dabei sind die Erfolgsaussichten größer, wenn Sie frühzeitig fragen und nicht erst, wenn sich die Mahnschreiben auf dem Küchentisch stapeln.

Geld verleihen unter Freunden

Freundschaft und Geld sind zwei Dinge, die man besser getrennt hält, in der Theorie. Im wahren Leben sind richtige Freunde aber genau die Menschen, die man in schweren Phasen nicht hängen lassen will – auch dann nicht, wenn Sie sich in einer finanziellen Misere befinden. Überlegen Sie trotzdem genau, bevor Sie sich auf so eine Konstellation einlassen wollen. Verleihen Sie nur Beträge in einer Höhe, deren Totalverlust Sie verschmerzen könnten.

Und verleihen Sie sie nur an Menschen, die Ihnen so nahestehen, dass Sie im Zweifel die Freundschaft wichtiger finden als das Geld. (Wenn bei der Rückzahlung Probleme auftauchen, werden Sie sich entscheiden müssen, und wenn es blöd läuft, sind am Ende sowohl das Geld als auch die Freundschaft weg.)

Halten Sie Ihre Vereinbarung auf jeden Fall schriftlich fest. Das mag Ihnen affig vorkommen, hilft aber, Missverständnisse zu vermeiden – und erhöht damit die Chancen, dass Ihre Freundschaft diese Konstellation überlebt. In der Vereinbarung muss stehen, wer wann wie viel Geld gezahlt hat. Außerdem kann man einen Rückzahlungszeitpunkt festlegen. Datum, Unterschriften, fertig. Und ja, Sie brauchen zwei Exemplare. Wirklich.

Rechtlich ist die Lage so: Wenn es keinen festen Rückzahlungszeitpunkt gibt, kann man als Gläubiger den Vertrag kündigen, dann hat der Schuldner drei Monate Zeit, das Geld zurückzugeben. Passiert das nicht, kann das Geld gerichtlich eingetrieben werden. Der Anspruch auf Rückzahlung verjährt drei Jahre nachdem die Vereinbarung gekündigt wurde.

Wenn Sie diejenige sind, die sich von Freunden Geld leiht, gehen Sie unbedingt genau so vor und halten Sie die Konditionen schriftlich fest. Halten Sie sich penibel an den Rückzahlungsplan. Diese Akkuratesse ist übrigens nicht nur bei größeren Summen angebracht, sie gilt auch für den schnellen Zwanziger, den Ihnen jemand abends fürs Taxi geliehen hat. Seine Freunde zu übervorteilen, und sei es nur bei vermeintlich kleinen Summen, ist entsetzlich stillos.

Wenn alles zusammenbricht

(oder es Ihnen zumindest so vorkommt)

Gut, Sie haben es verbockt, und zwar so richtig. Sie sitzen in einer Wohnung ohne Strom, Ihr Konto ist gepfändet, die Rechnungen stapeln sich, und Sie haben keine Ahnung, wie Sie da wieder rauskommen sollen. Himmel, so etwas passiert den Besten. Halten Sie jetzt den Kopf oben und denken Sie daran, dass Sie sind wie Penelope Cruz in *Volver*: Sie lösen jede Unwägbarkeit, die das Leben bereithält. Also packen Sie Ihre Unterlagen in eine Tasche und gehen Sie zur Schuldnerberatung. Jetzt sofort. Man kann absolut jede Katastrophe überleben, und Ihr Beitrag dazu besteht jetzt darin, sich Hilfe zu suchen. Beachten Sie die drei wichtigsten Krisenregeln:

Atmen Sie. Eine Krise löst man im besten Fall fokussiert und nicht hyperventilierend. Also egal, wie schlimm und akut die Situation ist, atmen Sie ein paar Mal tief ein und aus. (Selbst wenn Sie nichts von Meditation halten, zehn Mal in den Bauch zu atmen schaffen Sie schon!) Danach sind Ihre Probleme genauso groß wie vorher, aber Sie sind immerhin nicht hysterisch, und das ist schon mal ein sehr guter Anfang.

Behalten Sie eine Tagesstruktur. Niemandem nützt es, wenn Sie völlig übernächtigt sind und nicht mehr klar denken können. Stehen Sie zu einer angemessenen Zeit auf und, wichtig, gehen Sie rechtzeitig zu Bett. Es ist in Ordnung, wenn Sie schlecht schlafen und nachts mehrfach aufwachen, weil Sie sich Sorgen um Ihre Zukunft machen. Aber Sie müssen sich ausruhen. Das ist unverhandelbar. Essen Sie so gesund wie möglich und gehen Sie an die frische Luft. Wenn alles implodiert, haben Sie wahrscheinlich das Gefühl, Sie hätten keine Zeit für einen Spaziergang. Zwanzig Minuten um den Block zu laufen, muss trotzdem jeden Tag drin sein. Gerade wenn Sie außergewöhnliche Aufgaben zu bewältigen haben, müssen Sie auf sich achten – auf Ihren Kopf und auf Ihren Körper.

Reden Sie. Egal, ob Sie sich bei Ihrem engsten Freund oder bei Ihrem Steuerberater ausheulen möchten: Krisen löst man nicht allein. Sie können auch anonym bei einer Krisenhotline anrufen, dafür sind sie ja da. Wenn Ihnen das unangenehm ist und Sie nicht wissen, was Sie sagen sollen, versuchen Sie es mit: »Es ist mir unangenehm, bei Ihnen anzurufen.« Seine Gefühle präzise zu benennen, ist eine Fähigkeit, die Ihnen auch noch nützen wird, wenn Ihr aktuelles Problem nur noch eine blasse Erinnerung ist.

Geld und Liebe

Ach, die Liebe. Das Geld und die Liebe haben vieles gemeinsam, aber mitunter scheinen sie einander beinahe im Weg zu stehen. Allein die Frage, wer bei der ersten Verabredung die Rechnung bezahlt, hat schon so manch aufkommendes Feuer im Keim erstickt – und selbst wer diese Hürde meistert, ist deshalb später nicht vor Diskussionen darüber gefeit, ob denn nun einer ein Verschwender oder doch der andere ein Geizhals ist. Da ist sie dann natürlich dahin, die Romantik.

Die Dynamik des Geldes beim ersten Date

Früher war die Sache einfach: Man traf sich, und egal, ob es gut oder schlecht gelaufen ist, am Ende beglich die Rechnung immer der Mann. Heute ist die Lage nicht mehr so eindeutig. Viele Frauen verstehen es als Ausdruck ihrer Unabhängigkeit, für sich selbst zu bezahlen – wogegen andere finden, dass ein Mann, der die Rechnung teilen lässt, sich für jede denkbare Position im Leben disqualifiziert hat. Das macht es auch Herren mit den allerbesten Absichten nicht leicht. Und für gleichgeschlechtliche Dates gibt es überhaupt keine jahrzehntelang erprobten Verhaltensmuster. In derlei verwirrenden Zeiten gibt es deshalb nur eine Strategie: Seien Sie gnädig. Wenn Sie zur Fraktion der Selbstzahlerinnen gehören, Ihr Date aber wie selbstverständlich die Kreditkarte zückt, noch bevor Sie überhaupt Ansprüche anmelden können: Sehen Sie es ihm nach, zumindest dieses eine

Mal. Gehen Sie noch in eine Bar und bezahlen Sie dort oder erklären Sie Ihre Haltung einfach bei der nächsten Verabredung. Falls er sich dann als ignoranter Blödmann entpuppt, der Ihre Überzeugungen nicht ernst nimmt, können Sie ihn immer noch auf der Stelle sitzen lassen. (In diesem Ausnahmefall vielleicht sogar ohne die Rechnung zu bezahlen, aber das ist nur ein unverbindlicher Vorschlag.)

Wenn Sie dagegen finden, ein hingenuscheltes »Wir teilen, oder?« sei das Ende aller Romantik, stürzen Sie trotzdem nicht gleich davon. Auch wenn man die Kunst eines dramatischen Abgangs nicht hoch genug einschätzen kann, könnte es immerhin sein, dass der Mann sich nur bemüht, Sie in Ihrer Unabhängigkeit nicht einzuschränken. Falls er tatsächlich ein Geizkragen ist, merken Sie das noch schnell genug. (Dann aber ergreifen Sie um Himmels willen die Flucht!)

Falls Sie jetzt denken, die Sache mit dem Geld und der Liebe sei ja schrecklich kompliziert geworden – in anderen Ländern ist das auch nicht leichter. Kleiner Überblick: In Russland bezahlt immer der Mann. Es wird außerdem erwartet, dass er Blumen zur Verabredung mitbringt. In ungerader Anzahl. Bringt er eine gerade Anzahl, wäre das eine Katastrophe und das Date gelaufen. In Japan müssen Flirtwillige erst mehrfach in einer Gruppe miteinander ausgehen, bevor sie sich zu zweit treffen können. Und in Frankreich – dem Land, das die Romantik doch eigentlich erfunden hat? – trifft man sich heute bei der ersten Verabredung maximal auf einen Drink, niemals zum Essen. Die Rechnung wird geteilt, damit alles so unverbindlich wie möglich bleibt.

Was haben das Geld und die Liebe gemeinsam? Beide sind gelegentlich, nun ja, eine Herausforderung.

Romantik zum Nulltarif

Es spricht nichts dagegen, in ein sündteures Restaurant zu gehen, um einen romantischen Abend zu verleben. Im Gegenteil – weiße Tischdecken, hervorragendes Essen und ein im richtigen Ausmaß blasierter Oberkellner können eine ausgezeichnete Kulisse geben für ein klassisches Rendezvous. Aber manchmal entsteht eine besondere Spannung zwischen zwei Menschen, wenn die Umgebung ein bisschen einfacher und das Erlebnis ein wenig unkonventioneller ist. Und das Beste: Diese Form der Romantik funktioniert auch in Zeiten, in denen der Kontostand ein mäßig beglückendes Bild abgibt. Hier kommen neun Ideen für Romantik – fast – ohne Geld.

Besuchen Sie eine Vernissage. Wenn Sie in einer Großstadt leben, gibt es so gut wie immer irgendwo eine Ausstellungseröffnung, und die sind in der Regel kostenlos. Wenn Sie Glück haben, gefallen Ihnen die Arbeiten der Künstlerin oder des Künstlers und Sie treffen viele tolle Leute. Wenn Sie noch mehr Glück haben, finden Sie die Werke grottenschlecht und Sie amüsieren sich zusammen königlich, während Sie Häppchen essen und Rotwein trinken. In jedem Fall werden Sie am Ende des Abends aufgekratzt und ein bisschen weinselig nach Hause schlendern.

Klauen Sie ein Open-Air-Konzert. Es ist wunderbar, zwei Karten zu kaufen, ein tolles Konzert unter freiem Himmel zu besuchen und dabei direkt vor der Bühne zu stehen. Sie können sich stattdessen aber auch einfach eine Decke schnappen, eine Flasche

Wein mitbringen und sich außerhalb des Konzertgeländes einen privaten Platz suchen.

Nehmen Sie die Fähre. In vielen Städten, die am Wasser liegen, gibt es neben den Ausflugsbooten für Touristen auch Fährlinien, die von den Einheimischen als normales Transportmittel genützt werden. Steigen Sie ein und fahren Sie die ganze Strecke. Beobachten Sie die anderen Schiffe und sehen Sie, wie sich die Landschaft verändert. Auf dem Wasser zu sein ist immer etwas Besonderes, und selbst wenn das Ihre Heimatstadt ist, kommen Sie vermutlich an Orte, an denen Sie noch nie zuvor gewesen sind.

Schauen Sie in den Himmel. Gehen Sie zur Sternwarte oder ins Planetarium. Der Blick ins Weltall ist faszinierend und wird Ihnen völlig neue Perspektiven verschaffen.

Stehen Sie früh auf und gehen Sie zum Flohmarkt. Schlendern Sie zwischen den Ständen und freuen Sie sich über skurrile Fundstücke. Im Anschluss frühstücken Sie Kaffee und Kuchen und genießen zusammen die kühle Frische des beginnenden Tages.

Steigen Sie nach oben. Suchen Sie sich einen Aussichtspunkt, auf dem Sie noch nie oder schon lange nicht mehr waren. Die Aussichtsplattform auf einem Bürogebäude, das Dach des Kreuzfahrtterminals am Hafen, fahren Sie mit dem Riesenrad. Genießen Sie die Aussicht, trinken Sie Alkopops und essen Sie Gummischlangen und Colakracher wie in Ihrer Kindheit.

Fahren Sie aufs Land. Gerade wenn Sie eine echte Stadtpflanze sind, brauchen Sie kaum dreißig Kilometer rauszufahren, um sich zu fühlen wie auf Sommerfrische. Bleiben Sie an irgendeinem zufällig gewählten Ort, der Ihnen beiden gefällt. Kaufen Sie Speck, Brot und Apfelsaft. Tragen Sie irgendetwas Kariertes. Besuchen Sie die jeweils ansässige Touristenattraktion, egal, ob es sich dabei um ein Pfeifenputzermuseum oder die weltweit einzige Sammlung von historischen Wasserhahndichtungen handelt.

Machen Sie einen Schaufensterbummel. Wenn die Geschäfte geschlossen haben, glitzert die Stadt besonders schön. Schlendern Sie zusammen durch die Nacht, ohne Ziel und ohne Zeitgefühl.

Spielen Sie. Egal ob Schach, Domino oder Mensch-ärgere-dich-nicht. Spielen Sie, am besten im Bett. Es ist nahezu unmöglich, nicht glücklich zu sein, während der Mann, den Sie lieben, halb nackt überlegt, wie er Ihren Läufer schlagen kann.

Wie man Streit ums Geld vermeidet

Sie haben also die Hürden des Datings überlebt und leben nun in einer etablierten Beziehung. Das ist toll, allerdings bedeutet das nicht, dass die Sache mit dem Geld die junge Liebe nicht doch noch, nun ja, massakriert. Tatsächlich gehört der unterschiedliche Umgang mit Finanzen zu den häufigsten Streitpunkten in einer Beziehung. Menschen sind in ihrer Haltung zu Geld nun mal sehr unterschiedlich: Während manche die Gewissheit brauchen, möglichst hohe Summen für schlechte Zeiten auf der Seite zu haben, finden andere nichts schlimmer als die Vorstellung, irgendwann mit einem vollen Bankkonto abzutreten – denn dann, so sehen sie das, hätten sie mit ihrem eigenen Geld eindeutig zu wenig Spaß gehabt. Wie sollen zwei, die so unterschiedlich mit Geld umgehen, sich jemals einigen? Nicht nur die unterschiedlichen Zugänge erschweren den Umgang mit Finanzen in einer Partnerschaft. Erschwerend hinzu kommt der Umstand, dass die meisten Menschen es nicht gewohnt sind, über Geld zu sprechen, geschweige denn, darüber mit ihrem Partner zu verhandeln. Deshalb werden diese Gespräche oft lange vermieden, während der Konflikt im Hintergrund immer größer wird. Irgendwann bricht er dann wegen einer scheinbaren Nichtigkeit hervor, und plötzlich wird gebrüllt, und am Ende braucht irgendwer einen Schnaps. (Oder sogar zwei.) Deshalb hier die zwei besten Strategien, die helfen, Streit ums Geld zu vermeiden.

Reden Sie. Es ist natürlich verständlich, wenn Sie auf dieses Gespräch keine Lust haben (vor allem, wenn der Punkt mit dem Gebrülle und dem Schnaps schon hinter Ihnen liegt). Allerdings gibt es auch gute Nachrichten: Es ist nicht notwendig, dass Sie sich allumfassend auf eine Linie im Umgang mit Geld einigen. Es reicht, wenn Sie eine Vereinbarung darüber treffen, wie die Grundlagen Ihres gemeinsamen Lebens finanziert werden sollen.

Sinnvoll ist es, die Kosten, die Sie gemeinsam tragen wollen – dazu gehören Miete, Strom, Internet sowie alle Ausgaben für

Ihre gemeinsamen Kinder –, entsprechend der Einkommensstärke zu teilen. Verdienen also beide Partner ungefähr gleich viel, tragen sie auch die gemeinsamen Kosten zu gleichen Teilen. Verdient einer weniger, verschiebt sich die Aufteilung entsprechend. Das gilt unabhängig davon, ob der Einkommensunterschied dauerhaft besteht oder nur für einen begrenzten Zeitraum, etwa wenn ein Partner nach der Geburt eines Kindes nicht oder nur noch in Teilzeit arbeitet.

Trennen Sie. Richten Sie für Ihre gemeinsamen Ausgaben ein gemeinsames Konto ein, auf das beide Zugriff haben. Darüber hinaus empfiehlt es sich, dass beide ihre eigenen Konten behalten und das verbliebene Geld auch nach eigenem Ermessen ausgeben können, ohne sich rechtfertigen zu müssen. Das erspart Ihnen viel Streit und hilft der Liebe: Schließlich könnte man sich kaum eine unwürdigere Situation vorstellen, als seinen Partner um Erlaubnis fragen zu müssen, bevor man sich ein neues Paar Schuhe kauft. Und niemand will mit einem Typen zusammen sein, der beim Anblick eines neuen Kleides als Erstes fragt, was das denn nun wieder gekostet habe. (»Du siehst toll aus«, ist die einzig akzeptable Reaktion. Da können wir leider keine Kompromisse machen. Wirklich nicht.)

Ehe und Geld

Wir möchten Ihnen zunächst sehr gratulieren. Sie heiraten! Bestimmt haben Sie eine ausgezeichnete Wahl getroffen. Ihr Mann wird die Zahnpasta immer zuschrauben, seine Socken niemals herumliegen lassen und Ihnen auch noch im hohen Alter Blumen bringen. Es wird fantastisch werden. (Und falls es doch nicht fantastisch wird – im nächsten Kapitel lesen Sie alles über die Kunst der eleganten Scheidung.)

Heiraten hat neben der romantischen auch eine wirtschaftliche Dimension. Die ist natürlich nicht entscheidend für Ihre Wahl, aber es ist unverzichtbar, sich der finanziellen Aspekte dieses Schritts bewusst zu sein. Zu heiraten kann beiden Ehepartnern wirtschaftliche Vorteile bringen, zum Beispiel steuerliche. Eine Ehe birgt aber auch, nun ja, diverse Gefahrenquellen spontaner Verarmung. Wie man diese umgeht, zeigen wir Ihnen in diesem Kapitel. Aber hey, das ist ein freudiger Anlass! Deshalb hier zuerst unsere besten Tipps für eine budgetverträgliche Hochzeitsfeier.

Wie man stilvoll heiratet, ohne das Budget zu sprengen

Vorweg: Wenn Sie schon seit Kindertagen sparen, um an dem einen großen Tag ein Schloss zu mieten, mit einer Pferdekutsche vorzufahren und in einem Brautkleid mit mindestens vierzehn Lagen Tüll zum Altar zu schreiten, bewundert von nicht weniger als 250 Gästen, dann lassen Sie sich nicht abhalten. Wir alle haben unsere guilty pleasures, und wenn Ihres eine gigantomanische Superhochzeit ist und Sie es sich leisten können, dann tun Sie es. Aber wenn Ihr Budget knapp ist oder wenn Sie Ihr Geld lieber anders ausgeben möchten, können Ihnen folgende Tipps vielleicht dabei helfen.

Sortieren Sie Ihre Prioritäten. Es geht nicht darum, Abstriche bei den Dingen zu machen, die Ihnen wirklich wichtig sind. Aber bei vielen Hochzeiten gibt es Ausgaben, die im Nachhinein verzichtbar erscheinen. Möchten Sie wirklich weiße Tauben in den Himmel steigen lassen, oder steht das nur auf Ihrer Liste, weil es Tradition ist? Möchten Sie eine dreistöckige Hochzeitstorte oder essen Sie ohnehin lieber Eiscreme? Überlegen Sie auch, welche Erwartungen Ihre Verwandtschaft an Ihre Hochzeit hat und welche davon Sie erfüllen wollen und welche nicht. Es ist Ihr gutes Recht, Ihre Feier ausschließlich nach Ihren und den Wünschen Ihres Mannes zu gestalten. Aber im Zweifelsfall ist es besser, einen unnötigen Kuchen auf einer Hochzeit zu haben, als eine schmollende Schwiegermutter.

Wählen Sie eine kluge Uhrzeit. Hochzeiten dauern meist bis spät in die Nacht. Deshalb gilt: Feiern Sie bloß nicht zu früh.

Wenn Sie schon am Vormittag heiraten, müssen Sie für Ihre Gäste einen Sektempfang, ein Mittagessen, Nachmittagskaffee, Abendessen und Drinks auffahren. Das ist finanziell ein Desaster und auch für die Stimmung kein Gewinn: Wenn Sie schon einmal bei einer Hochzeit waren, die schon mittags begonnen hat, wissen Sie vermutlich, wie endlos lange sich ein einziger Nachmittag anfühlen kann. Wenn Sie erst am späten Nachmittag anfangen, können Sie eine Menge Geld für Häppchen einsparen, und Ihre Gäste sind spätabends noch fit genug, um zu tanzen.

Denken Sie antizyklisch. Der zweite Samstag im Mai ist ein klassisches Hochzeitsdatum, das wissen auch Cateringunternehmen und die Vermieter begehrter Räumlichkeiten. Vielleicht können Sie sich aber auch für einen unkonventionellen Wochentag oder eine Hochzeit im Herbst begeistern? Wenn Sie Novemberregen zufällig romantisch finden, sind Sie ein echtes Glückskind – Sie werden mit den Dienstleistern einen ausgezeichneten Preis aushandeln können.

Lassen Sie sich helfen. Nutzen Sie die Fähigkeiten Ihrer Gäste. Ihre Freundin ist eine Stylingkünstlerin? Vielleicht kann Sie Ihnen am Tag der Trauung mit Haaren oder Make-up helfen. Ihre Tanten sind wahre Königinnen in der Küche? Bitten Sie sie, sich um den Kuchen zu kümmern. Ihr Ex-Freund spielt in einer Band? Ausgezeichnet! Es gibt keine Notwendigkeit, eine Hochzeit vollständig von Profis managen zu lassen, die meisten Ihrer Freunde oder Verwandten werden begeistert sein, wenn Sie sie um Hilfe bitten. Wenn Profis unter Ihren Freunden sind, können Sie sie fragen, ob Sie ihre Dienste als Hochzeitsgeschenk bekommen könnten. Es ist wichtig, deutlich zu machen, dass Ihnen der Wert ihrer Leistung bewusst ist und Sie darüber hinaus kein weiteres Geschenk mehr erwarten. Von so einem Arrangement profitieren Sie doppelt: Sie haben Geld gespart und sind darüber hinaus an Ihrem Hochzeitstag von Menschen umgeben, die Sie kennen und mögen.

Kaufen Sie schlau ein. Brautmode ändert sich nur sehr langsam. Die einfachste Art, beim Kauf Geld zu sparen, ohne modisch oder qualitativ Abstriche machen zu müssen, ist also, in der Sale-Abteilung nach Modellen aus der Vorsaison zu suchen, die oft deutlich vergünstigt sind. Alternativ können Sie Ihr Brautkleid auch als Second-Hand-Modell erwerben: Weil viele Bräute ihre Kleider nach dem großen Tag weiterverkaufen, ist die Auswahl riesig und die Ersparnis auch. Ein 4.000-Euro-Kleid zu tragen, für das Sie aber nur 700 Euro bezahlen mussten, wird Sie an Ihrem Hochzeitstag noch glücklicher strahlen lassen, wetten? Kaufen Sie ein Brautkleid aus zweiter Hand aber immer vor Ort, in einem darauf spezialisierten Geschäft, niemals online über ein privates Inserat. Im Laden können Sie sicher sein, dass das Kleid professionell gereinigt wurde und außerdem perfekt angepasst wird. Bei einem privaten Ebay-Verkauf wissen Sie nicht, was Sie kriegen und werden beim Versuch, es zurückzuschicken, nur Ärger haben. Dritte Möglichkeit: Vielleicht haben Ihre Mutter, Tante, Schwester oder Großmutter noch ein Hochzeitskleid, das sie an Sie weitergeben würden. Schreiben Sie ein altes Modell nicht zu früh ab, schauen Sie genau hin: Oft sind ältere Kleider von hervorragender Qualität, und Sie müssen womöglich nur die überdimensionierten Puffärmel abtrennen lassen, um ein großartiges Kleid zu bekommen.

Basteln Sie. Sie müssen Tischkarten nicht professionell drucken lassen, Sie können stattdessen auch zwei Flaschen Prosecco und einen Goldstift kaufen und einen großartigen Nachmittag mit Ihren Freundinnen verbringen. Wenn Sie Hochzeitsmandeln in der Großpackung kaufen und selbst in kleine Säckchen füllen, sparen Sie ein kleines Vermögen verglichen mit der Option, schon fertig gepackte Säckchen liefern zu lassen. Wenn Sie schlichte leere Gläser mit Spitze oder mit grobem Kordelband umwickeln, können Sie sie mit ein bisschen Schleierkraut oder sogar mit wilden Blättern aus dem Park und einer einzelnen weißen Rose füllen – alle Welt wird Ihre Tischdekoration todschick finden. Auch sehr hübsch: weiße Kerzen und Kräutertöpfe. Die können die Gäste am Ende des Abends mitnehmen, sie sind also Tischschmuck und Giveaway gleichzeitig. Das ist außerdem eine besonders nachhaltige Lösung, weil nichts weggeschmissen wird.

Sagen Sie, was Sie wollen. Lassen Sie Ihre Gäste auf keinen Fall allein mit der Geschenkefrage. Sonst ist das Risiko hoch, dass Sie am Ende mit drei Toastern und zwei Entsaftern dastehen. Wenn Sie also Bedarf an Haushaltswaren haben oder schon seit Ewigkeiten von einem sündteuren Service träumen, legen Sie eine Hochzeitsliste an und lassen Sie das Ihre Gäste wissen. Hochzeitslisten kann man sowohl in Geschäften vor Ort als auch digital anlegen, was praktisch ist, wenn Ihre Gäste aus unterschiedlichen Städten kommen. Alternativ dazu bevorzugen viele Paare und auch viele Gäste Geldgeschenke – das ist keineswegs stillos, sondern macht es allen einfacher. Weisen Sie am besten schon auf der Einladung darauf hin, dass es vor Ort die Möglichkeit geben wird, einen Beitrag zu Ihrem künftigen Leben oder zu Ihrer Hochzeitsreise zu leisten. Aber keine Sorge: Irgendjemand schenkt Ihnen trotzdem einen Entsafter. Ganz bestimmt.

Die Ökonomie der Ehe

Viele Menschen machen sich keine Gedanken über die wirtschaftlichen Seiten einer Ehe, was gleichzeitig wirklich romantisch und absolut unverantwortlich ist. Juristisch betrachtet ist eine Heirat so etwas wie der Beginn eines Vertragsverhältnisses – bloß mit dem Unterschied, dass beiden Partnern oft gar nicht klar ist, was sie da eigentlich gerade unterschreiben. Grundsätzlich gibt es drei Aspekte, die im Zusammenhang mit der Ehe wichtig sind: Steuern, Vermögen und Altersvorsorge.

Steuern. In Deutschland ist der Gesetzgeber begeistert, wenn Sie heiraten, und belohnt Sie deshalb mit Steuervorteilen. Das funktioniert zunächst über das sogenannte Ehegattensplitting. Das bedeutet, dass die zu versteuernden Einkommen beider Partner zunächst zusammengerechnet und dann halbiert werden. Von diesem halben Betrag wird die Einkommensteuer berechnet, die dann wieder verdoppelt wird. Das klingt nach einem absurden Rechenspiel, kann unterm Strich aber einige Tausend Euro Ersparnis im Jahr bedeuten. Je größer der Einkommensunterschied ist, desto größer der Einspareffekt. Das Modell subventioniert also eigentlich veraltete Rollenbilder, was ärgerlich ist, aber natürlich nützen Sie es trotzdem, wenn es Ihnen Vorteile bringt. (Steuererklärungen sind der bestmögliche Ort für Pragmatismus.)

In Deutschland werden beide Partner nach der Hochzeit außerdem automatisch einer anderen Steuerklasse zugeteilt. Man rutscht also von der Steuerklasse I in die Steuerklasse IV, was zunächst einmal nicht viel ändert. Wenn allerdings nur einer der Eheleute einen Job hat oder einer von beiden sehr wenig verdient, kann man aus zweimal Steuerklasse IV auch einmal in die Steuerklasse III und einmal in die Steuerklasse V wechseln. In Steuerklasse V hat man zwar viel höhere Abzüge, dafür hat der gut verdienende Partner in Steuerklasse III niedrige Abzüge – was unterm Strich zunächst monatlich zu einem höheren Einkommen führt.

Steuern sparen kann man damit nicht, denn am Ende wird über die Steuererklärung abgerechnet. Man muss also unter Umständen etwas nachzahlen oder erhält etwas zurück. Außerdem ist die Steuerklasse V gerade für Frauen oft frustrierend, wenn sie die mit dem geringeren Einkommen sind. Denn von dem hart erschufteten Verdienst bleibt netto oft kaum noch etwas übrig, wogegen der Gehaltszettel des Herrn Gatten üppig ausfällt. Auf dem Papier sieht es dann also so aus, als lohnte es sich kaum, überhaupt arbeiten zu gehen, was eine fatale Fehleinschätzung ist.

Denn: Lohnersatzleistungen wie Arbeitslosen- oder Elterngeld orientieren sich am Nettoverdienst, nicht am Bruttogehalt. Wer also wegen der falschen Steuerklasse netto sehr viel weniger verdient, bekommt im Bedarfsfall auch weniger Unterstützung. Falls Sie also Steuerklasse V gewählt haben und schwanger werden, sollten Sie sofort die Steuerklasse wechseln. Noch bevor Sie Ihre entfernte Tante Erna anrufen, um von dem Baby zu erzählen! Sie haben es jetzt eilig. Denn Sie sollten mindestens sieben Monate vor Beginn des Mutterschutzes die Steuerklasse gewechselt haben, damit die Finanzämter den Wechsel akzeptieren.

Noch ein Nachteil von Steuerklasse V: Damit signalisieren Sie Ihrem Arbeitgeber überdeutlich, dass es in Ihrem Haushalt wahrscheinlich noch ein zweites, höheres Einkommen gibt.

Wenn die Firma sparen muss und Leute entlässt, kann sie also davon ausgehen, dass Sie kein Härtefall sind, dem man eine besonders hohe Abfindung zahlen müsste. Das ist zumindest strategisch ein Nachteil.

In Österreich haben Sie diesen ganzen Ärger übrigens nicht: Ehe oder keine Ehe macht hier für die Steuer kaum einen Unterschied.

Vermögen. Grundsätzlich behält jeder der Ehepartner das Vermögen, mit dem er oder sie in die Ehe geht. Es ist ein weit verbreitetes Missverständnis, dass im Fall einer Trennung automatisch das gesamte Geld geteilt wird – das stimmt nicht. Man haftet auch nicht für die Schulden, die einer der Eheleute mitbringt. Ab der Eheschließung lebt man allerdings in einer sogenannten Zugewinngemeinschaft. Das bedeutet, dass alles, was die Partner ab dem Moment der Hochzeit verdienen, als gemeinsam erwirtschaftet betrachtet wird. Und das wird dann im Fall einer Trennung geteilt. Ehepaare sind zudem verpflichtet, füreinander zu sorgen, wenn einer seinen Job verliert oder aus gesundheitlichen Gründen zeitweise nicht arbeiten kann. In Deutschland kann zudem, wenn einer der Ehepartner gesetzlich krankenversichert ist, der andere unter Umständen kostenlos mitversichert werden.

Wenn Sie während der Ehe eine Immobilie kaufen, sollten Sie unbedingt darauf achten, dass Sie beide als Eigentümer im Grundbuch eingetragen sind. Steht dort nur ein Ehepartner, gehört das Haus unter Umständen auch bei einer Scheidung ihm alleine. Dokumentieren Sie außerdem, wer wie viel zur Finanzierung der Immobilie beigetragen hat. Lesen Sie dazu auch das Kapitel über Immobilien ab Seite 151.

Altersvorsorge. Hier gilt das gleiche Grundprinzip wie bei der Zugewinngemeinschaft: Die in der Ehezeit erworbenen Ansprüche für die Altersversorgung werden geteilt, wenn es nicht einen Ehevertrag gibt, der eine andere Regelung vorsieht. Davon profitiert derjenige, der weniger verdient und weniger in die Rentenkasse oder auch in eine Lebensversicherung, eingezahlt hat. Stirbt nach der Scheidung einer der früheren Eheleute, kann der Überlebende sich in der gesetzlichen Rentenversicherung abgetretene Rentenansprüche unter Umständen auf sein eigenes Rentenkonto zurückbuchen lassen. (Das ist, zugegeben, ein bisschen makaber, aber wirtschaftlich vernünftig.) Möglich ist das, wenn der frühere Ehepartner noch nicht mehr als drei Jahre Rente aus den übertragenen Anrechten bezogen hat. In Österreich bleiben die Pensionsansprüche durch eine Scheidung unberührt.

Schönheit und Tücken eines Ehevertrags

Der größte Vorteil daran, einen Ehevertrag abzuschließen, ist die Tatsache, dass Sie dann vor der Ehe gezwungen sind, offen über Ihre Erwartungen und Ihre Lebensplanung zu sprechen. So gesehen kann der Abschluss eines Ehevertrags schon ein erster Beitrag dazu sein, dass Sie ihn niemals brauchen werden – weil Sie heikle Punkte schon geklärt haben, bevor Sie sich in Tüll und Taft geschmissen und ewige Liebe geschworen haben. Sie sollten sich also unbedingt in Hinblick auf einen Ehevertrag beraten lassen. Selbst wenn Sie dann zu dem Schluss kommen, dass Sie auf einen Vertrag verzichten können oder wollen, ist die Ausgangslage jedenfalls geklärt. Davon profitieren Sie als Paar auf jeden Fall.

Die beste Form der Absicherung ist natürlich, durch ein eigenes Einkommen finanziell unabhängig zu sein. Wenn Sie sich für einen anderen Weg entscheiden und für Kinder und Haushalt zu Hause bleiben, sollten Sie unbedingt vertraglich festlegen, wie groß der finanzielle Ausgleich für die Familienarbeit ist. Das klingt vielleicht unromantisch, aber für Ihren Arbeitgeber arbeiten Sie ja schließlich auch nicht gratis, nicht wahr? (Und Kinder, Haus und Sozialleben zu organisieren, ist mindestens so anstrengend, wie ein bezahlter Job.) In so einem Vertrag könnte zum Beispiel geregelt sein, dass der verdienende Partner im Fall einer Trennung einen längeren Ehegattenunterhalt bezahlt, als es gesetzlich vorgeschrieben ist – als Ausgleich dafür, dass der andere beruflich zurückgesteckt hat. Ein Ehevertrag hat allerdings auch seine Tücken. Die größte ist, dass Eheverträge oft nur ins Spiel kommen, wenn einer der Partner sehr vermögend ist oder die Einkommensunterschiede besonders groß sind. Topverdiener versuchen dann mitunter sicherzustellen, dass sie im Fall einer Trennung nicht zu viel abgeben müssen. Verliebt und hormonüberflutet unterschreiben deshalb gerade Frauen oft Eheverträge, die für sie starke Nachteile bedeuten können. Wenn Sie einen Vertrag abschließen, ist es deshalb absolut unerlässlich, dass Sie sich anwaltlich beraten lassen – nicht von einem gemeinsamen Notar, sondern von einem Anwalt, der ausschließlich Ihre Perspektive vertritt.

Den Vertragsentwurf sollten Sie mindestens zwei Wochen vor der Unterschrift zur Begutachtung bekommen, damit Ihr Anwalt ihn genau prüfen und eventuell Änderungen verlangen kann. Und die Vertragsangelegenheiten sollten zudem spätestens zwei Wochen vor der Eheschließung final geregelt sein – Sie sollen ja nicht unter Zeitdruck etwas unterschreiben, das Sie Jahre später womöglich in existenzielle Schwierigkeiten bringt. Und ein hervorragender Ehemann, wie Sie ihn ausgesucht haben, würde das auch niemals von Ihnen erwarten. Richtig?

Die Kunst der eleganten Scheidung

Wir konstatieren, es hat Ihnen doch nicht gefallen. Macht ja nichts. Das Wichtigste vorab: Tragen Sie es mit Haltung. Eine ansehnliche Liste miserabler Ex-Männer mag Ihnen zwischenzeitlich wie eine Niederlage vorkommen, aber am Ende Ihres Lebens werden Sie auf sie blicken wie auf ein liebgewonnenes Accessoire. Immer vorausgesetzt natürlich, Sie verbinden mit den Verflossenen nicht auch noch die Erinnerung an ein finanzielles Debakel.

Im allerbesten Fall haben Sie jetzt einen hervorragenden Ehevertrag und nun keinerlei Probleme (von dem dringenden Bedürfnis nach Eiscreme und Tequila mal abgesehen). Wenn das nicht so ist, sollten Sie Folgendes wissen:

In Deutschland hat die damalige große Koalition das Unterhaltsrecht 2008 geändert. Es geht nun nicht mehr vorrangig darum, dass der finanziell besser gestellte Partner dem anderen in angemessener Höhe Unterhalt zahlt. Stattdessen soll nach der Scheidung jeder schnellstmöglich für sich selbst sorgen. Die klassische Versorger-Ehe, die auch noch Jahrzehnte nach ihrem Ende ein abgesichertes Leben garantiert, gibt es nicht mehr.

Selbst wer kleine Kinder hat und für diese Unterhalt bekommt, ist grundsätzlich dazu angehalten, wieder zu arbeiten, sobald die Kinder drei Jahre alt sind.

In Österreich gibt es bei einer Scheidung noch das sogenannte Verschuldungsprinzip. Wer laut Gericht also nicht schuld an der Trennung ist, hat selbst nach kurzer Ehe gute Chancen auf großzügigen Unterhalt. Haben Sie kein eigenes Einkommen, haben Sie unter Umständen Anspruch auf 33 Prozent des Nettoeinkommens des Ex-Mannes.

Als Absicherungskonzept ist von diesem Modell aber dringend abzuraten. Denn der Zeitgeist ändert sich, und es ist wohl nur eine Frage der Zeit, bis sich das auch im österreichischen Scheidungsrecht niederschlagen wird. Dazu kommt schon heute: Stellt das Gericht fest, dass beide Partner Schuld am Scheitern der Ehe tragen, sieht es in Sachen Unterhaltsanspruch schlecht aus.

Grundsätzlich ist es von Vorteil, wenn Sie und Ihr künftiger Ex-Mann einigermaßen friedlich auseinandergehen und sich über die Scheidungsmodalitäten einigen. Eine Scheidung wird umso teurer, je größer der Streit ist. Anwaltskosten kommen in jedem Fall auf Sie zu, weil nur ein Anwalt oder eine Anwältin die Scheidung bei Gericht einreichen kann. Am günstigsten ist es, wenn Sie einen gemeinsamen Anwalt haben. Allerdings sollten Sie sich auf keinen Fall davon abhalten lassen, sich unabhängig beraten zu lassen – von einer Juristin oder einem Juristen, der nur Ihre Interessen im Blick hat. Niemals sollten Sie ohne Beratung und aus der Emotion heraus auf Ansprüche verzichten, die Ihnen möglicherweise zustehen. Sie können sich später immer noch entscheiden, großzügig zu sein, aber Sie sollten unbedingt wissen, worauf genau Sie sich bei der Scheidung einlassen.

Besprechen Sie mit Ihrer Anwältin, Ihrem Anwalt auch die Option, ob Sie vor der Scheidung noch einen Ehevertrag abschließen können, eine sogenannte Scheidungsfolgenvereinbarung. Dort können beide Parteien schon regeln, was sonst vor Gericht ausgetragen werden muss – das spart unter Umständen Zeit, Nerven und eine Menge Geld.

Wenn Sie sich die Gerichtskosten möglicherweise nicht leisten können, sollten Sie prüfen, ob Sie Prozesskostenhilfe in Anspruch nehmen können. Manche, aber bei weitem nicht alle Rechtsschutzversicherungen decken auch die Kosten einer Scheidung. Prüfen Sie das, sofern Sie eine solche Versicherung haben.

Wenn Sie gemeinsam ein Haus oder eine Wohnung besitzen und kein Ehepartner den anderen auszahlen kann, muss die Immobilie vermutlich verkauft werden. Dabei sollten Sie einander nicht zu sehr unter Zeitdruck setzen, denn das wirkt sich meist nachteilig auf den Verkaufserlös aus.

Falls Sie über Ihren Mann krankenversichert waren, vergessen Sie nicht, sich rasch um eine eigene Versicherung zu kümmern. Die Option zur Mitversicherung endet spätestens drei Monate nach der Scheidung.

Die unterschätzte Option des Nichtstuns

Egal, ob Ihr Mann sich in ein wandelndes Midlifecrisis-Klischee verwandelt hat oder bloß ein Langweiler geworden ist, ob er untreu war oder ob Sie für jemand anders entflammt sind: Was auch immer der Grund für das Ende Ihrer Liebe ist, es muss nicht unbedingt auch das Ende Ihrer Ehe bedeuten. Mitunter kann es Vorteile haben, vor allem finanzielle, sich einfach nur räumlich zu trennen, sich aber nicht scheiden zu lassen. (Oder sich sogar im gleichen Haushalt zu arrangieren, wenn sich beide mit dieser Idee anfreunden können.) Diese Option kommt vielen Menschen gar nicht in den Sinn, wenn sie vom Ende ihrer Liebe ohnehin emotional aufgewühlt sind. Möglicherweise kann das aber eine schlaue Variante für beide Seiten sein. In jedem Fall gilt: Lassen Sie sich nicht zu einem Schnellschuss hinreißen. Prüfen Sie die Lage in aller Ruhe, lassen Sie sich beraten und entscheiden Sie dann, was Sie tun möchten.

INTERVIEW

DIE SCHEIDUNGSANWÄLTIN INGEBORG RAKETE-DOMBEK ÜBER EHE, LIEBE UND GELD

Frau Rakete-Dombek, sich bei der Eheschließung schon über eine mögliche Scheidung Gedanken zu machen, ist das nicht schrecklich unromantisch?

Ingeborg Rakete-Dombek: Überhaupt nicht. Ich verstehe, dass Leute, die ganz verliebt sind, nicht über Geld verhandeln wollen. Weil das Thema in unserer Gesellschaft immer noch ein Tabu ist. Aber wenn sie das nicht regeln, heiraten sie auf der Grundlage, die sich der Gesetzgeber für sie ausgedacht hat.

Überlegen Sie mal, wie unromantisch das erst ist!

Aber bei der Ehe geht es um die Liebe, nicht ums Geld, oder?

Das wünsche ich ihnen sehr, aber im Gesetz ist von Liebe gar nicht die Rede. Die meisten Eheleute kennen die Gesetze gar nicht, die mit einer Heirat verbunden sind. Sie unterschreiben also einen Vertrag, den sie gar nicht gelesen haben, und ein paar Jahre später stehen sie dann da und müssen mit den Konsequenzen umgehen. Auch im Freundeskreis weist einen ja meist niemand auf die wirtschaftlichen Seiten einer Heirat hin. Die Menschen machen sich Gedanken, ob sie eine schöne Ehe haben werden – aber nicht, was es finanziell bedeutet, wenn es nicht so ist.

Mit einem Ehevertrag löst man alle Probleme im Vorhinein?

Sie haben zumindest eine deutlich bessere Ausgangsposition, weil beide Partner schon eine ungefähre Vorstellung haben, was eine Trennung finanziell bedeuten könnte. Aber natürlich kann man am Anfang einer Ehe nicht genau wissen, wie das Leben verlaufen wird, man kann nicht alle Eventualitäten regeln. Ob Sie Kinder haben wollen oder nicht, dazu kann sich die Meinung im Lauf des Lebens nun mal ändern. Auch das Selbstbewusstsein verändert sich. Meine Erfahrung ist, dass Frauen dazu neigen, ihre Interessen am Anfang der Ehe nicht hart genug und am Ende ein bisschen zu hart zu vertreten. Dabei wäre umgekehrt viel besser: Wenn man vor der Hochzeit, wenn das Gesprächsklima noch angenehm ist, gut verhandelt hat, kann man am Ende auch mal nachgeben, wenn die Dinge emotional ohnehin schon kompliziert sind.

Warum scheitern Ehen?

Der häufigste Anlass für eine Trennung ist immer noch, dass einer fremdgegangen ist. Sehr klassisch. Aber natürlich hat die Zerrüttung einer Ehe meistens mit einem Mangel an Kommunikation zu tun. Dazu kommt, dass es keinen Zwang mehr gibt, schwere Zeiten durchzustehen. Wenn Sie nicht glücklich sind, können Sie gehen. Das ist ein großer Fortschritt, wie ich finde.

Was macht einen guten Ehemann aus?

Ich bin nicht unbedingt eine Expertin für Liebe, nur weil ich sehe, was passiert, wenn sie zu Ende geht. Aber ich würde empfehlen, jemanden zu heiraten, der zuverlässig ist und sich für die Kinder im gleichen Maß verantwortlich fühlt. Sonst rennen Sie immer wie ein aufgescheuchtes Huhn zwischen Ihrer Arbeit und dem Kind hin und her. Das stresst Sie, und Sie haben kein schönes Leben. Für die Karriere ist es auch nicht hilfreich.

Außerdem würde ich jemanden aussuchen, der Ihre beruflichen Ambitionen unterstützt und stolz auf Ihre Leistungen ist. Es gibt nichts Anstrengenderes als einen Mann, der Ihnen ein schlechtes Gewissen macht, wenn Sie länger im Büro bleiben.

Ingeborg Rakete-Dombek ist eine der renommiertesten Familienrechtsanwältinnen Deutschlands. Sie lebt und arbeitet in Berlin und ist seit 33 Jahren verheiratet – in zweiter Ehe.

Sparen

Jetzt, wo Sie sich so tapfer durch den Papierkram gekämpft haben, ist es Zeit für Vergnügliches: Einkaufen! Tatsächlich kann Konsum – wenigstens temporär! – ganz fantastisch glücklich machen. Wenn Sie sich einen Teppich gekauft haben und das erste Mal sehen, wie er Ihrem Wohnzimmer ein völlig neues Flair verleiht, werden Sie tagelang wie auf Wolken durch Ihr Zuhause schweben. Wenn Sie auf dem Flohmarkt für einen Spottpreis ganz entzückende alte Tassen erstehen, wird der Tee daraus viel süßer schmecken als aus dem öden IKEA-Ding mit dem abgebrochenen Henkel. Und wenn Sie auf dem Bauernmarkt ein Viertel Kilo Kirschen gekauft haben, die Sie dann essen, während Sie auf Ihrem winzigen Balkon in der Sonne sitzen, werden Sie denken, dass Sie noch nie ein paar Euro besser ausgegeben haben.

Besonders schön ist Einkaufen, wenn man dabei auch noch richtig günstig wegkommt. Hier kommen ein paar Ideen, wie Sie budgetoptimiert und glücklich durchs Leben kommen.

Essen

Der beste Deal im Supermarkt

Vermutlich werden Sie einen Großteil Ihres Wocheneinkaufs im Supermarkt erledigen. Es ist hilfreich zu wissen, dass in einem Supermarkt nichts, absolut gar nichts dem Zufall überlassen wird. Supermärkte sind penibel so eingerichtet, dass sie Kunden dazu verführen, mehr zu kaufen als geplant. (Ganz ehrlich, womit kommen Sie nach Hause, wenn Sie eigentlich nur einen Liter

Milch holen wollten?) Die Abteilung für Obst und Gemüse ist immer am Anfang, weil das den Eindruck von Frische vermittelt und suggeriert, dass man hier gesund einkaufen wird. Das Kühlregal mit den häufig gekauften Produkten Milch und Butter steht immer ganz hinten, um sicherzustellen, dass man auf jeden Fall an allen anderen Regalen vorbeimuss. Der Weg durch den Supermarkt führt zudem immer links herum, weil das die Kaufbereitschaft erhöht. Die Temperatur liegt bei 19 Grad, da fühlen Käufer sich am wohlsten.

Wenn Sie also wissen, dass es hier keine Zufälle gibt, können Sie das für sich nutzen, um schnell den günstigsten Preis zu finden. Kurzum: Die Produkte auf Augenhöhe sind immer die teuersten. Für den besten Deal müssen Sie sich nach oben strecken oder nach unten bücken. Innerhalb einer Regalfläche sind zudem die Preise von links nach rechts tendenziell ansteigend. Oft positionieren die Händler besonders teure Produkte ganz außen rechts, damit das zweitteuerste psychologisch schon wieder günstig erscheint. Wenn Sie also eilig durch den Supermarkt huschen, lautet die Devise: Unten, oben und links ist es am günstigsten. Und wenn Sie einen Einkaufszettel geschrieben haben und sich auch noch daran halten, sind Sie fast schon immun gegen unüberlegte Einkäufe. Ja, nur fast.

Die Vorteile der Essensplanung

Zugegeben, es klingt ein bisschen spießig, sich einen Essensplan zu machen. Hat man nicht ohnehin zu wenig Spontaneität im Leben? Aber wenn Sie im Voraus überlegen, was Sie in der kommenden Woche (oder auch nur in den kommenden drei Tagen) essen möchten, werden Sie nicht nur sehr viel gezielter einkaufen, sondern auch weniger, im besten Fall gar keine Lebensmittel wegwerfen müssen. Sie werden sich auch automatisch gesünder ernähren, weil Sie sich schon Gedanken darüber gemacht haben, was auf den Tisch kommen soll und was nicht. Grundsätzlich werden Sie diese drei Maßnahmen schon ein gutes Stück voranbringen:

Kaufen Sie Fleisch lieber seltener, dafür in hervorragender Qualität und aus artgerechter Haltung. Das ist gut für Ihre Gesundheit, für Ihr Budget und für die Tiere.

Lernen Sie mindestens drei Gerichte, bei denen das Gemüse im Mittelpunkt steht.

Machen Sie von Reis, Linsen oder Gemüse immer gleich eine größere Portion, um sie als Mittagessen zur Arbeit mitzunehmen.

Lieferdienst

Weil Sie so hervorragend geplant haben, werden Sie natürlich kaum in die Situation kommen, den Lieferdienst zu bemühen. Wenn Sie es trotzdem tun, bestellen Sie natürlich das, was Sie glücklich macht. Aber falls Sie unentschlossen sind: Sushi ist wirtschaftlich betrachtet die blödeste Wahl von allen, weil es vergleichsweise teuer ist und Sie übrig gebliebenes Essen nicht aufheben können (Sushi vom Vortag ist eine grauenhafte Idee, die Sie spätestens bereuen werden, wenn Sie die Nacht auf dem Badezimmerboden verbringen). Bei der Frage, ob man Pizza am nächsten Tag kalt essen kann, ist die Menschheit ja in zwei unversöhnliche Lager geteilt. Das ist unter ökonomischen Gesichtspunkten also ein Grenzfall. Eine hervorragende Wahl ist indisch: Die meisten Gerichte sind in Hinblick auf Ernährungsfragen sehr vertretbar. Vor allem aber sind die Portionen in der Regel so groß, dass Sie davon mindestens zweimal satt werden. (Vielleicht auch dreimal, wenn Sie den letzten Rest mit dem übrig gebliebenen Reis und Gemüse aus Ihrem Kühlschrank strecken.)

Vorratshaltung

Egal, ob Ihre Ambitionen besser zu essen eher von Ernährungs- oder von Budgetfragen getrieben sind – der Moment, in dem Pläne scheitern, ist immer der gleiche: Der Tag ist nicht gelaufen wie geplant, jetzt sind Sie unterzuckert, grantig und wollen einfach so schnell wie möglich irgendetwas essen. Das versteht jeder.

Sorgen Sie dafür, dass es in Ihrem Tiefkühlfach immer gesundes Essen gibt, das Sie nur auftauen müssen.

Wenn Sie Pastasoßen, Suppen, Chili con Carne oder Gulasch kochen, machen Sie immer einen großen Topf und frieren Sie den Rest portionsweise ein.

Wenn Sie auf dem Markt oder beim türkischen Lebensmittelhändler tolles Obst oder Gemüse zu einem günstigen Preis sehen, kaufen Sie einen großen Sack, frieren Sie alles ein oder machen Sie es wie Ihre Großmütter: Kochen Sie Marmelade oder

Sirup. Daran werden Sie sich das ganze Jahr über erfreuen, und wenn Sie auf ein paar der Gläser hübsche Etiketten anbringen und eine Schleife darum wickeln, haben Sie ein ausgezeichnetes Mitbringsel für Schwiegermütter, hilfsbereite Nachbarn oder Ihre Großtante Erna.

Zu der Grundausstattung, die Sie immer im Vorratsschrank haben sollten, gehören: Nudeln, Reis, Linsen, diverse Gemüsekonserven wie Bohnen und Kichererbsen, passierte Tomaten, Haferflocken, Mehl, Zucker, Öl, Knäckebrot, Marmelade. Damit werden Sie niemals verhungern müssen, selbst wenn Sie nach wochenlanger Abwesenheit zurückkehren und der Supermarkt geschlossen hat.

Züchten Sie Kräuter. Nichts peppt ein einfaches Essen schneller auf als Schnittlauch, ein paar Blätter Basilikum oder ein wenig Kerbel. Wenn Sie es geschickt anstellen, müssen Sie all diese Kräuter nur einmal kaufen und können Sie dann auf der Fensterbank, am Balkon oder im Garten immer frisch ernten. Wenn Sie nun aber keine begnadete Pflanzenversteherin sind, kann der Versuch bemerkenswert frustrierend sein. Dazu zwei Hinweise: Erstens, Schnittlauch ist eine optimale Wahl für Kräuteranfänger. Er wächst wahnsinnig schnell, Sie können also selbst dann Unmengen ernten und einfrieren, wenn er Ihnen nach vier Wochen doch wieder eingeht. Zweitens, Basilikum ist besonders beliebt als Kräutertopf in der Küche, aber eben auch besonders empfindlich. Sie erhöhen seine Überlebenschancen, wenn Sie einen weit verbreiteten Fehler vermeiden: Die meisten Menschen zupfen einfach immer die größten, weil vermeintlich ältesten Blätter ab. Basilikum muss man aber schneiden, und zwar immer oberhalb einer Verzweigung.

Gut, die Basilikum-Sache wird nicht über Wohl und Wehe Ihrer finanziellen Zukunft entscheiden. Aber die Frage, ob es wirklich möglich ist, Supermarktbasilikum durchzubringen, bewegt offensichtlich sehr viele Menschen, das zeigt die beeindruckende Zahl an Internetseiten, die sich mit dieser Frage beschäftigen. Deshalb noch mal verdeutlicht:

 Hier abschneiden
*(immer oberhalb
einer Verzweigung)*

Gehen Sie spazieren. Selbst wenn Sie in der Großstadt wohnen, gibt es Möglichkeiten, wilde Zutaten zu pflücken. Bärlauch im Februar, daraus machen Sie Pesto oder Suppe, Holunder im Mai, daraus kochen Sie Sirup. Erdbeeren und dann Brombeeren im Sommer, Äpfel, Birnen und Zwetschgen im Herbst können Sie entweder gleich essen, einkochen oder einfrieren. Einen guten Überblick darüber, wo Früchte und Kräuter wild wachsen, gibt die Karte auf *mundraub.org.* In Österreich gibt es zusätzlich auch noch *frucht-fliege.blogspot.com* und eine Übersicht auf *fragne-benan.com/blog/wild-ernten-in-wien.*

Retten Sie. Wenn Lebensmittel weggeworfen werden, ist das nicht nur Geldverschwendung, sondern auch unter Nachhaltigkeitsaspekten ein echter Frevel. Wenn Sie also selbst mal mehr eingekauft haben, als Sie essen können, teilen Sie mit Ihren Nachbarn. Vielleicht leben Sie so, dass Sie zu viel gekauftes Obst bloß über den Gartenzaun reichen müssen – anonymen Großstädtern (oder allen, die sich mit ihren Gartenzaun-Nachbarn nicht vertragen) helfen in so einem Fall Nachbarschafts-Apps oder öffentliche Kühlschränke. Umgekehrt können Sie davon profitieren, wenn Sie Lebensmittel verbrauchen, die sonst makellos im Müll landen müssten. Neben Nachbarn, die zum überdimensionierten Einkauf neigen, können Sie dafür auch Apps wie *Too Good To Go* nützen. Dort stellen Supermärkte, Restaurants, Bäckereien und Takeaways jeden Tag kurz vor Ladenschluss Lebensmittel zum absoluten Sonderpreis ein, die sie sonst entsorgen müssten.

Kleidung

Nur ein sehr, sehr kleiner Teil der Menschheit kann tatsächlich auf einen Blick erkennen, wie teuer Kleidung war und wie gut ihre Qualität ist. Was Menschen stattdessen sehen, ist, wie teuer die Kleidung an Ihnen aussieht. Und das ist mitunter ein verdammt großer Unterschied zu dem, was auf dem Preisschild steht.

Es muss sitzen. Egal, ob Sie teuer oder günstig einkaufen, immer gilt: Klamotten müssen unbedingt perfekt sitzen, das ist für den Gesamteindruck entscheidend. Achten Sie vor allem auf den Sitz an den Schultern, der ist besonders wichtig und außerdem am schwersten abzuändern – wogegen Sie die Länge von Ärmeln oder Hosenbeinen selbst mit sehr rudimentären Handarbeitskenntnissen ohne größere Probleme anpassen können. Wenn Sie besonders ambitioniert sind, können Sie auch zu einer Änderungsschneiderei gehen. Es kostet oft nicht mehr als ein paar Euro, Kleidungsstücke perfekt anpassen zu lassen, der Effekt ist aber enorm.

Lassen Sie sich zudem niemals von eingenähten Größenangaben leiten, wenn Sie Kleidung kaufen. Die Unterschiede zwischen den Herstellern sind riesig, also vergessen Sie die Zahl einfach. Achten Sie stattdessen penibel darauf, nicht zu eng zu kaufen. Kleidung, die an manchen Stellen spannt, ist unvorteilhaft und dazu auch noch unbequem. Wählen Sie im Zweifel immer lieber eine Nummer größer. Damit sehen Sie, je nach Inszenierung, supercool-entspannt oder mädchenhaft-verloren aus – und beides ist ganz hervorragend.

Prüfen Sie außerdem immer genau die Qualität der Verarbeitung: Kaufen Sie nur Kleidungsstücke, die makellos vernäht sind und keine Fehler im Stoff haben. Prüfen Sie, ob alle Reißverschlüsse funktionieren und alle Knöpfe vorhanden sind.

Kennen Sie Ihre Garderobe. Die meisten Menschen haben einen klaren Favoriten unter den drei Basisfarben Braun, Dunkelblau oder Schwarz. Wenn Sie also überlegen, ein besonders teures Stück anzuschaffen, tun Sie gut daran, es in einer von Ihnen bevorzugten neutralen Farbe zu kaufen – das erhöht die Chancen, dass Sie es oft genug tragen werden, um den höheren Kaufpreis zu rechtfertigen. Das heißt natürlich nicht, dass Sie ausschließlich

Basics in neutralen Farben kaufen sollen. Aber das sind die Teile, bei denen Sie guten Gewissens mehr Geld investieren können, um höhere Qualität zu erhalten. Bei Stücken, die eher kurzlebige Trends repräsentieren, achten Sie stärker auf den Preis.

Bleiben Sie monochrom. Einer der einfachsten Wege, um schnell einen Hauch von Weltläufigkeit zu versprühen, sind monochrome Looks – also Outfits, die von Kopf bis Fuß in einer Farbfamilie bleiben. Lassen Sie außerdem immer die Finger von billigen Strasssteinchen. Sie. Glitzern. Nicht. Wie. Diamanten. Echt nicht. Halten Sie Ihren Schmuck simpel und übertreiben Sie es nicht.

Bügeln Sie. Nichts zerstört ein Outfit gnadenloser als der Abdruck des Wäscheständers. Wenn Sie also aussehen wollen wie frisch von der Upper East Side, dann nützt alles nichts: Sie müssen bügeln. Wenn Sie sich dazu partout nicht überwinden können, schaffen Sie sich einen Dampfglätter an. Mit dem entfernen Sie Falten aus der Kleidung, während sie auf dem Bügel hängt. Das Ergebnis ist besser als gar nichts, aber nicht vergleichbar mit dem Resultat von zehn Minuten hingebungsvollem Gewerke mit einem ordentlichen Bügeleisen. Und Bügelfalten können Sie mit einem Dampfglätter natürlich auch nicht machen.

Investieren Sie klug. Günstige und teurere Kleidungsstücke zu kombinieren, ist der beste Trick der Welt. Wenn Sie also eine fantastische Handtasche besitzen, können Sie dazu löchrige Jeans, einen sehr durchschnittlichen Sweater und Ihre teuerste Sonnenbrille tragen, und Sie werden aussehen wie direkt vom Cover der *Vogue* gefallen. Oder Sie haben in einem Vintage-

Store einen klassischen Bouclé-Blazer von Chanel ergattert: Dann ist es egal, ob Sie darunter ein schlichtes schwarzes Etuikleid tragen oder Ihren Pyjama. Alle Welt wird Sie absolut hinreißend finden.

Wenn Sie eine Schwäche für wirklich, wirklich teure Designerstücke haben, die Sie sich nicht abgewöhnen können, dann halten Sie sich wenigstens an Klassiker, die niemals aus der Mode kommen. Kaufen Sie sie aus zweiter Hand. Und dann, Himmel, lieben Sie sie innig! Und falls die Liebe irgendwann erkaltet: Verkaufen Sie sie auch wieder. Die echten Klassiker wie der Trenchcoat von Burberry, die 2.55-Tasche von Chanel, können mitunter sogar an Wert gewinnen. Das macht es ein bisschen weniger verwerflich, dafür so viel Geld auszugeben. (Aber wirklich nur ein bisschen!)

Shoppen Sie in Ihrem eigenen Kleiderschrank. Bevor Sie einkaufen gehen, räumen Sie den Schrank auf. Erstens wissen Sie dann, was Sie eigentlich schon besitzen. Zweitens finden Sie garantiert etwas, von dem Sie sich trennen möchten – haben also wieder Platz für Neues. Und drittens finden Sie in Ihrem Schrank vielleicht Teile, die bloß ein bisschen Zuwendung brauchen, um auszusehen, als hätten Sie sie eben erst aus der Boutique geholt.

Haben Sie Teile, die repariert werden müssen oder an denen Knöpfe fehlen, probieren Sie, ob sie noch gut sitzen, und entscheiden Sie dann, ob Sie sie behalten oder weggeben möchten. Wenn Sie sie behalten, kümmern Sie sich um die Reparatur und nähen Sie die Knöpfe an. Sofort. Ein Kleidungsstück im Schrank zu haben, das man nicht sofort anziehen könnte, ist eine entsetzliche Verschwendung.

Prüfen Sie auch, ob Sie einzelne Stücke vielleicht umnähen, abändern oder ein bisschen aufmotzen könnten. Die Knöpfe auszutauschen bringt übrigens einen schnellen und oft sehr eindrucksvollen Effekt. Das gilt auch für Blazer, die Sie bei den günstigen Ketten kaufen: Wenn Sie den Knopf austauschen, sehen die Stücke gleich noch einmal hochwertiger aus.

Konsumstrategien

Auch jenseits von Kleidung und Lebensmitteln gilt: Die Verführung lauert überall. Wenn Sie sich entscheiden, ihr nachzugeben, können Sie dennoch einiges dazu beitragen, um den bestmöglichen Preis zu bekommen.

Vergleichen Sie. Das geht heute dank Smartphone ganz einfach: Bevor Sie also im Laden zuschlagen, checken Sie Preise im Netz. Wenn Sie dort einen günstigeren Anbieter finden, bedeutet das allerdings noch lange nicht, dass Sie unverrichteter Dinge wieder abziehen und online bestellen müssen. Viele Geschäfte sind heute gut eingestellt auf die Konkurrenz aus dem Netz: Fragen Sie, ob man Ihnen den gleichen Preis anbieten kann. Das klappt fast immer, und Sie können das Objekt Ihrer Begierde dann gleich mitnehmen.

Zögern Sie. Bevor Sie zur Kasse gehen, werfen Sie noch einmal einen kritischen Blick auf Ihre Beute. Wollen Sie das alles wirklich? Wenn Sie auch nur einen kleinen Zweifel spüren, dann wollen Sie es mit größter Wahrscheinlichkeit eigentlich nicht. Also lassen Sie es dort.

Schauen Sie in die Zukunft. Überlegen Sie, wie Sie sich in einer Woche und in einem Jahr fühlen werden, wenn Sie an diesen Kauf denken. Werden Sie sich über die Geldverschwendung ärgern? Oder werden Sie denken, dass Sie auch wirklich noch nie eine schönere Jacke besessen haben als die, die Sie hier gerade Richtung Kasse transportieren? Funktioniert übrigens auch als Gewissensprüfung beim Online-Shopping.

Suchen Sie den Rabattcode. Wenn Sie im Internet einkaufen, versuchen Sie immer, eine Preisreduzierung zu bekommen. Wenn Sie einfach den Namen des Shops und »Rabattcode« googeln, finden Sie diverse Übersichtsseiten, die alle gültigen Preisnachlässe sammeln. Suchen Sie zusätzlich aber auch nach Namen des Shops in der Suchleiste bei Youtube. Wenn Sie bei einem Anbieter einkaufen möchten, der oft mit Influencern zusammenarbeitet, stehen die Chancen gut, dass Jessy, Charlie oder Sandy gerade einen Rabatt mit dem Code »Jessy15«, »Charlie20« oder »Sandy30« im Angebot haben. Begrenzen Sie die Youtube-Suche auf Ergebnisse, die nicht älter sind als einen Monat, sonst sehen Sie Aktionen, die vielleicht schon veraltet sind.

Fragen Sie die Nachbarn. Bevor Sie sich eine Käsereibe zulegen, fragen Sie doch mal in Ihrem Umfeld, ob nicht jemand drei unbenutzte im Keller hat. Dazu müssen Sie nicht all Ihre Freunde mit der Frage nach der Käsereibe nerven (man will sich die sozialen Konsequenzen nicht ausmalen!) – werden Sie stattdessen Mitglied in einem sozialen Nachbarschaftsnetzwerk. Dort findet so eine Frage niemand komisch. (Dafür lesen Sie bestimmt auch ein paar wirklich wundersame Anliegen von anderen.) Über diese Netzwerke lässt sich auch vieles ausleihen – dann brauchen Sie Bohrmaschine oder Tapeziertisch nicht selbst zu kaufen. Beispiele für Nachbarschafts-Apps sind zum Beispiel *nebenan.de* (in Deutschland) oder *fragnebenan.com* (in Österreich).

Seien Sie freundlich. Seit Ewigkeiten hält sich das Gerücht, man bekäme bei Verkaufsverhandlungen einen besseren Preis, wenn man betont desinteressiert sei. Oft ist aber genau das Gegenteil der Fall: Denn Verkäufer, vor allem solche, die ihr Geschäft persönlich nehmen, haben auch lieber mit netten Menschen zu tun. Das gilt für den anonymen Anbieter auf Ebay und für den Verkäufer auf dem Flohmarkt, aber genauso für einen Makler, der entscheidet, wer die Wohnung bekommt. Es ist deshalb eine ganz schlechte Idee, das Produkt schlechtzureden, um wegen vermeintlicher Mängel einen niedrigeren Preis zu bekommen – vor allem, wenn Sie es eigentlich unbedingt kaufen möchten.

Weitaus erfolgversprechender: Seien Sie entzückend. Lächeln Sie. Sagen Sie, wie schön Sie es finden. Dass Sie sich genau so ein Ding schon seit Jahren gewünscht haben. Machen Sie ein freundliches, aber enttäuschtes Gesicht, wenn Sie hören, was es kosten soll. Sagen Sie, dass Sie sich das leider nicht leisten können. Die Botschaft lautet, es liegt an Ihnen, nicht an dem Ding. Wären Sie reich, würden Sie es bezahlen. Geht aber nicht. »Aber es ist wirklich wunderschön.« Machen Sie kein Gegenangebot. Stattdessen seufzen Sie. Schmachten Sie ein bisschen, aber verlangen Sie nichts. Es ist praktisch unmöglich, dass Sie jetzt kein besseres Angebot bekommen.

Managen Sie Ihre Emotionen. Ja, manchmal ist der Mensch frustriert. Sauer. Oder aufgekratzt glücklich. In all diesen Stimmungslagen kann es passieren, dass hemmungsloser Konsum als einzig akzeptabler Ausweg erscheint. Was Sie bedenken sollten: Der Effekt von Frust- oder Belohnungskäufen ist nicht abhängig davon, wie teuer der Kauf ist. Anders ausgedrückt: Kaufen Sie lieber einen Lippenstift als einen Ferrari. Gehen Sie in den Ein-Euro-Shop beim Bahnhof statt in die Innenstadt. Gut, Sie werden möglicherweise mitten unterm Jahr mit einem singenden Weihnachtselch made in China wiederkommen. Aber wenigstens nicht pleite.

Nutzen Sie Ihren Kalender. Wenn Sie Verträge abschließen, sei es für Mobiltelefon und Internet oder für einen Streamingdienst, notieren Sie die Kündigungsfrist immer in Ihrem Kalender – es gibt nichts Ärgerlicheres, als Geld zu verlieren, weil man in Verträgen festhängt, die man schon längst nicht mehr möchte.

Nutzen Sie die neuen Zeiten. Bevor Sie sich ein neues Auto anschaffen, rechnen Sie. Wenn Sie in der Großstadt wohnen, stehen vermutlich überall in Ihrer Nähe Carsharing-Autos. Es gibt gut ausgebaute Fahrradwege und öffentliche Verkehrsmittel. Wenn Sie öfter Strecken zu Fuß gehen, tun Sie außerdem etwas für Ihre Gesundheit. Vor allem aber: Wenn Sie auf den Autokauf verzichten, haben Sie eine Menge Geld übrig, um im Bedarfsfall auch einfach ein Taxi zu rufen, wenn das die bequemste Option für Sie ist. Wenn es zu Ihrer Lebenssituation passt, dann haben Sie wirklich sehr, sehr viel Taxigeld zur Verfügung.

Spenden

Ja, das Leben ist ein ständiges Auf und Ab, aber es gibt fast immer jemanden, der es gerade noch schwerer hat als man selbst. Achten Sie also darauf, gerade in guten Zeiten auch immer ein bisschen etwas von Ihrem Geld abzugeben. Sie könnten Ihre jüngste Gehaltserhöhung feiern, indem Sie einen Dauerauftrag für eine karitative Organisation einrichten. Dabei geht es nicht um Riesensummen, kleine Beträge wie 5, 10 oder 15 Euro reichen vollkommen. Zwischen der Strafe fürs Falschparken und dem Kinoticket für einen schlechten Film gibt es in der Liste Ihrer Ausgaben dann auf jeden Fall schon mal eine, bei der Sie alles richtig gemacht haben – das ist ein sehr gutes Gefühl.

Wenn die Zeiten schlecht sind, gibt es auch Möglichkeiten, sich für andere zu engagieren, ohne Geld auszugeben, das man gerade selbst nicht hat. Eine Variante ist: Spenden Sie Zeit. Viele soziale Organisationen suchen ehrenamtliche Helfer. Wenn Sie einen Nachmittag in der Woche übrig haben, können Sie Besuchsdienste im Altersheim oder Krankenhaus übernehmen oder für ältere Menschen in Ihrer Nachbarschaft kleine Besorgungen erledigen. Wenn Sie sich länger verpflichten können (und wollen), können Sie auch Patin für ein Kind werden, das aus komplizierten oder einfach nur bildungsferneren Verhältnissen kommt. Sie unternehmen dann einmal pro Woche oder alle 14 Tage etwas gemeinsam. Wenn es gut läuft, fühlt es sich wie

Freizeit an und ist gleichzeitig auch noch ein wichtiger Impuls für das Kind. In den meisten Städten finden Sie ganz leicht im Internet eine Übersicht, wo Hilfe gebraucht wird.

Eine andere Variante von Spenden ohne Geld: Entrümpeln Sie. Geben Sie alte Kleidung in den Spendencontainer und Kristallvasen, die Sie ohnehin nicht nutzen, als Flohmarktspende an die örtliche Pfarrei. Backen Sie einen Kuchen fürs Pfarrbüfett. Und sortieren Sie alte Münzen aus: Bei manchen Organisationen können Sie auch heute noch Münzen aus alter Währung spenden, etwa bei der Welthungerhilfe. Sinnvoller können Sie die Schachtel voller Lira und Pesos nicht loswerden. Wenn Sie spenden, können Sie sich übrigens einen Beleg ausstellen lassen (geht oft auch direkt beim Online-Banking) und die Summe bei der Steuer absetzen. Und nein, das macht die Spende moralisch nicht weniger wertvoll. Echt nicht.

Ein bisschen Politik: Warum Geld und Emanzipation zusammen-gehören

Vielleicht sind Sie nun schon ein gutes Stück vorangekommen bei der Verbesserung Ihrer finanziellen Lage. Und möglicherweise sind Sie von all der Anstrengung ein wenig erschöpft. Wenn Sie nun also dramatisch aufs Sofa sinken wie einst Liz Taylor in die Arme von Rock Hudson, ist das ein ausgezeichneter Moment, um sich daran zu erinnern, warum es sich lohnt, sich mit seinem Geld zu beschäftigen.

Geld kann vieles bedeuten. Es kann Ihrer Gesundheit helfen, weil Sie besser vorsorgen können und weniger Stress haben. Es kann Ihnen mehr Freiheit einbringen, Reisen, neue Eindrücke. Es ermöglicht Ihnen Ruhe, weil Sie sich eine Auszeit leisten können, wenn Sie eine brauchen – oder auch einfach nur wollen. Geld ist ein Instrument, um zu realisieren, was auch immer Sie glücklich macht.

Und gerade deshalb ist es inakzeptabel, dass Männer strukturell betrachtet über deutlich mehr Geld verfügen als Frauen. Werfen wir einen kleinen Blick auf das Elend:

21 Prozent beträgt der sogenannte Gender-Pay-Gap in Deutschland. In Österreich ist der Wert ähnlich empörend bei 19,5 Prozent. Das ist der Unterschied beim durchschnittlichen

Stundenlohn, er hat auch damit zu tun, dass Frauen oft in schlechter bezahlten Jobs arbeiten.

Aber sogar, wenn man Männer und Frauen mit der gleichen Qualifikation und in den gleichen Positionen vergleicht, gibt es einen Gehaltsunterschied von ungefähr **sechs Prozent**.

Besonders extrem sind die Unterschiede bei Bonuszahlungen: Im Schnitt bekommen Männer um 48 Prozent höhere Boni als Frauen.

Die Diskriminierung beginnt allerdings nicht erst im Beruf: Schon bei Kindern im Alter von vier bis fünf Jahren gibt es einen Unterschied bei den Geschlechtern. Mädchen bekommen im Schnitt **17 Prozent** weniger Taschengeld als Jungs.

Diese Tendenz setzt sich bis ins Alter fort: Frauen bekommen im Schnitt **ein Fünftel** weniger Rente oder Pension.

Der Unterschied beim Privatvermögen ist in den vergangenen Jahren sogar deutlich gewachsen und liegt nach den jüngsten Zahlen bei **38 Prozent**. In Österreich liegt dieser Wert bei 23 Prozent. Männer haben also grundsätzlich schon mehr Geld zur Verfügung, nur weil sie Männer sind. Zudem haben Frauen weniger Aktien, und selbst wenn es etwas zu erben gibt, werden sie statistisch gesehen benachteiligt: Im Schnitt erben sie 25 Prozent weniger als Männer.

Corona hat die Ungleichheit in vielen Fällen noch verstärkt. Im Angesicht von Homeschooling und beengten Arbeitsmöglichkeiten zu Hause hat die traditionelle Rollenverteilung ein

unerwartetes Comeback hingelegt: Viele Frauen haben berufliche Abstriche gemacht, die das wirtschaftliche Ungleichgewicht
vergrößern. Auch deshalb gibt es dieses Buch. Weil Sie, meine
Liebe, mehr verdient haben. Für den Moment dürfen Sie trotzdem erst mal auf dem Sofa liegen bleiben. Wenn Sie Ihren
Kampfgeist stärken wollen, suchen Sie mal bei Youtube nach *Die
Alphapussy sein*, da macht sich Carolin Kebekus auch ein paar
Gedanken über den Gender-Pay-Gap. Aber Sie können sich natürlich auch einfach einen Film aussuchen. Wie wäre es mit *Gi-
ganten* von 1953? Liz Taylor und Rock Hudson, Sie wissen schon.

Quellen: Eurostat, Destatis, Barkow Consulting, »Rentenversicherung in Zahlen«,
Comdirect, Wirtschaftsuniversität Wien, ÖNB.

Vermögen

Schon klar, die Sache mit dem Einkaufen hat Ihnen gefallen. Trotzdem ist es jetzt an der Zeit, seriös zu werden: Wir bauen nun Vermögen auf. Schließlich streben wir ja nach finanziellem Wohlgefühl, und das gibt es nun mal nicht ohne Geld auf der hohen Kante. (Aber klar, Sie dürfen zwischendurch ein bisschen abschweifen und von hemmungslosem Konsum träumen. Nur träumen!)

Die Notfallreserve

Das erste Ziel ist absolut immer der Aufbau einer Liquiditätsreserve. Geld also, auf das Sie jederzeit uneingeschränkt Zugriff haben und das unerwartete Ausgaben abdeckt: ein Schaden am Auto, eine kaputte Waschmaschine, eine Nachforderung vom Finanzamt.

Zur Orientierung: Die Reserve sollte ungefähr zwei bis drei Nettogehälter umfassen, mindestens aber 10.000 Euro. Haben Sie Kinder (oder ein teures Auto), streben Sie besser nach 20.000 Euro. Während Sie diese Rücklage aufbauen, brauchen Sie sich von keinem Berater irgendein Produkt für Ihre Altersvorsorge aufschwatzen zu lassen – die Reserve geht vor. In der Corona-Krise haben vor allem Selbstständige gesehen, wie wichtig solche Rücklagen sind.

Diese Ansparerei ist natürlich wahnsinnig anstrengend. Ein Beispiel: Wer netto 2.500 Euro verdient, müsste, um eine Notreserve von 6.000 anzusparen, ein Jahr lang jeden Monat 500 Euro zur Seite legen. Bleiben nur 250 Euro, dauert es entsprechend länger. Und ist das Geld ohnehin knapp, wird das eine langwierige Angelegenheit.

Am besten klappt es mit dem Sparen, wenn Sie das Geld gleich am Monatsanfang per Dauerauftrag abbuchen lassen. (Geld, das man gar nicht erst zu sehen bekommt, kann man auch nicht unabsichtlich ausgeben.)

Wer Schulden hat, sollte diese möglichst ganz oder wenigstens teilweise tilgen, bevor die Reserve angelegt wird – zumindest wenn für die Schulden hohe Zinsen fällig werden. Aber natürlich kann man auch parallel Schulden abzahlen und eine Reserve anlegen.

Die Reserve parken Sie auf einem Tagesgeldkonto. Für täglich fällige Einlagen gibt es so gut wie keine Zinsen mehr, aber immerhin ist der direkte Zugriff darauf gesichert.

Definieren Sie Ihre Ziele

Haben Sie die Rücklage aufgebaut, geht es um die Perspektive: Geht es zunächst darum, Geld für ein Auto oder die Wohnungseinrichtung zu sparen? Möchten Sie sich mittelfristig ein Haus oder eine Wohnung kaufen? Oder wollen Sie für das Alter vorsorgen? (Damit müssen Sie sich übrigens nicht stressen. Natürlich ist es von Vorteil, früh anzufangen, aber wenn Sie 24 sind, noch studieren und ohnehin kaum wissen, wie Sie jeden Monat die Miete zusammenbekommen, dann müssen Sie nicht auch noch für die Rente sparen. Machen Sie lieber ein Auslandssemester, haben Sie Spaß, lernen Sie eine neue Sprache, und wenn Sie dann so weit sind und ein gutes, regelmäßiges Einkommen haben, kümmern Sie sich darum. Dann sind Sie immer noch vorbildlich früh dran.)

Falls Sie jetzt schon entkräftet zusammenbrechen möchten, Sie sind nicht allein. Dass so viele Leute keine Lust haben, sich mit Vermögensaufbau zu beschäftigen, liegt natürlich daran, dass die Finanzbranche immer kompliziertere Produkte mit immer unverständlicheren Namen anbietet.

Glossar

Schon gut, schon gut, laufen Sie jetzt nicht gleich davon! Einer der Gründe, warum sich viele Menschen nicht um ihre Finanzen kümmern, ist der Wust an unverständlichen Begriffen, mit denen man sich konfrontiert sieht, wenn man sich das erste Mal mit Geldanlage beschäftigt. Eine kleine Übersetzungshilfe.

Aktie. Eine Aktie ist ein Anteil an einem Unternehmen. Wenn Sie eine Aktie kaufen, gehört Ihnen also ein (winzig kleiner) Teil dieser Firma. Und als Eigentümerin nehmen Sie an der wirtschaftlichen Entwicklung des Unternehmens teil: Läuft es schlecht, sind Ihre Anteile weniger wert (oder gar nichts, wenn es ganz blöd läuft und die Firma pleitegeht). Läuft es gut, ist das auch gut für Sie. Grundsätzlich profitieren Sie dann auf zwei verschiedene Arten vom Gewinn des Unternehmens: Erstens schütten Konzerne üblicherweise einmal im Jahr einen Teil des Gewinns an ihre Aktionäre aus, das ist die sogenannte Dividende. Und zweitens steigt bei guter Geschäftsentwicklung tendenziell der Aktienkurs. Ihre Anteile legen also an Wert zu – und wenn Sie sie verkaufen möchten, bekommen Sie entsprechend mehr, als Sie selbst ein paar Jahre (oder auch nur ein paar Wochen) zuvor investiert haben. Aktien kann man bei Banken in der Filiale oder auch selbst online kaufen und wieder verkaufen. Sie können sie entweder als Einzeltitel kaufen, also von einem einzigen Unternehmen – oder Sie investieren in einen Aktienfonds, in dem Aktien verschiedener Firmen gebündelt sind. Der Fonds hat den Vorteil, dass das Risiko besser gestreut ist, Schwierigkeiten bei einer einzelnen Firma also nicht gleich Ihr ganzes Investment gefährden. Dafür zahlen Sie allerdings auch Gebühren, auf deren Höhe Sie unbedingt achten sollten.

Anleihe. Während man bei einer Aktie also einen Teil des Unternehmens erwirbt, funktioniert eine Anleihe anders: Formal leiht man dem Unternehmen Geld und erhält dafür am Ende der Laufzeit Zinsen. Firmen geben zum Beispiel Anleihen aus, wenn sie Geld für eine wichtige Investition benötigen: Das kann sowohl eine teure Produktionsmaschine sein als auch eine Marketingoffensive in den USA. Maßnahmen jedenfalls, von denen sich das Unternehmen ausreichend Gewinn erhofft, um damit dann nicht nur das geliehene Geld, sondern auch die vereinbarten Zinsen zurückzahlen zu können. Geht das schief, können die Unternehmen die Anleihe vielleicht nicht bedienen, und der Gewinn ist geringer, kommt später oder fällt komplett aus.

Es ist also wichtig, sich die Kreditwürdigkeit des Emittenten – also der Firma, die die Anleihe ausgibt – genau anzusehen. Meistens gilt: Je höher die Bonität (also je sicherer die Anleihe) ist, desto niedriger ist die Verzinsung. Anleihen gibt es nicht nur von Unternehmen, sondern auch von Staaten. Sie können also zum Beispiel deutsche, österreichische oder, wenn Sie todesmutig sind, argentinische Staatsanleihen kaufen.

Bausparvertrag. Ein Bausparvertrag kombiniert einen Sparplan mit einem Immobiliendarlehen. Sie sparen also über einen festgelegten Zeitraum monatlich oder jährlich einen bestimmten Mindestbetrag und bekommen dafür staatliche Förderung und fest vereinbarte Zinsen. Nach Ablauf dieser Zeit haben Sie in der Regel Anspruch auf ein Darlehen mit günstigen Konditionen, mit dem Sie ein Haus kaufen, bauen oder modernisieren können. Das Darlehen müssen Sie aber nicht in Anspruch nehmen, Sie können sich auch einfach das angesparte Geld auszahlen lassen und uneingeschränkt nach eigenem Ermessen verwenden – Sie müssen es also nicht in eine Immobilie stecken.

Depot. Ein Wertpapierdepot ist eine Art Konto, über das Sie Ihre Wertpapiergeschäfte abwickeln – also zum Beispiel Aktien und Fondsanteile kaufen oder verkaufen.

ETF. Ein ETF ist ein Fonds, der an der Börse gehandelt wird und meist einen bestimmten Aktienindex nachbildet. Die Zusammensetzung der Aktien in diesem Fonds entspricht also genau der aus dem Index. Ein ETF auf den deutschen Aktienindex Dax investiert zum Beispiel in die Aktien aller dreißig Dax-

Unternehmen. Wenn also der Dax steigt, steigt auch der Wert eines solchen ETFs. Mit solchen ETFs, auch Indexfonds genannt, kann man mit einem Investment gleichzeitig auf viele Tausend Aktien weltweit setzen, aber auch in bestimmte Branchen, Anleihen, Rohstoffe oder Währungen investieren. ETFs sind eine sehr beliebte und einfache Möglichkeit, in Aktien zu investieren, ohne sich besonders viele Gedanken über eine bestimmte Anlagestrategie machen zu müssen. Man kann damit sein Vermögen relativ breit gestreut investieren und zahlt nicht allzu hohe Gebühren. Für Anlageanfängerinnen sind ETFs also meist eine sehr solide erste Wahl.

Festgeld. Festgeld ist eine Spareinlage mit einem festen Zins über eine vereinbarte Laufzeit. Die Laufzeit kann zwischen einem Monat oder mehreren Jahren liegen. Es gibt kein Kursrisiko, aber man sollte das Geld unbedingt bei einer Bank anlegen, die Mitglied einer deutschen oder österreichischen Einlagensicherung ist – ist das nicht der Fall, wird das Geld womöglich nicht erstattet, falls die Bank in der Zwischenzeit pleitegeht. Beträge bis 100.000 Euro sind durch die gesetzliche Einlagensicherung abgesichert. Alles darüber hinaus unterliegt bei den meisten Banken in Deutschland und Österreich einer freiwilligen Einlagensicherung. Wichtig: Wer vor Ablauf der Zeit an sein Geld will, muss in der Regel eine Gebühr bezahlen oder auf die Zinsen verzichten. Festgeld eignet sich also nur, wenn Sie sicher sind, dass Sie die Summe während der vereinbarten Laufzeit nicht benötigen. Dazu kommt, dass Banken mittlerweile kaum noch Zinsen für Festgeld anbieten.

Girokonto. Ein Girokonto ist unerlässlich für den täglichen Zahlungsverkehr. Zuletzt haben viele Banken und Sparkassen ihre Gebühren für das Girokonto oder die Kreditkarte angehoben. Viele Banken berechnen sogar Negativzinsen für höhere Beträge ab 50.000 oder 100.000 Euro. Wer wenig Wert darauf legt, eine Filiale zu besuchen (und dafür gibt es in der Tat wenige Gründe), kann ein Gratisangebot einer Direktbank wählen. Das kann schnell 60 bis 120 Euro im Jahr sparen. Die Bank zu wechseln, ist dank praktischer Kontowechselservice-Apps viel einfacher als früher.

Index. Ein Aktienindex ist eine Kennzahl, die die Entwicklung von bestimmten Aktien zusammenfasst. Es ist also ein Hilfsinstrument, um zu sehen, wie es für bestimmte Titel an der Börse gerade so läuft. Klassische Leitindizes sind der Dax oder der Atx, die jeweils die wichtigsten Aktien an der Frankfurter oder der Wiener Börse zusammenfassen. Sehr bekannt sind auch der EuroStoxx50, der sich aus fünfzig großen Konzernen der Euro-Zone zusammensetzt, oder der S&P 500, der die 500 größten börsennotierten US-Unternehmen umfasst. Von diesen Indizes hören oder lesen Sie praktisch immer, wenn über die Performance an den Aktienmärkten berichtet wird, weil sie einen schnellen Überblick darüber liefern, wie es an den Börsen gerade so läuft.

Investmentfonds. Mit Investmentfonds kann man in viele verschiedene Anlageklassen investieren. In Aktien, Anleihen, Immobilien, Rohstoffe. Bei offenen Fonds kann man jederzeit aus- und einsteigen, bei geschlossenen nicht, da gibt es eine feste

Laufzeit. Während bei den ETFs einfach ein bestimmter Aktienindex abgebildet wird, werden andere Investmentfonds aktiv verwaltet. Es gibt also Fondsmanager, die aktiv entscheiden, welche Aktien oder Anleihen in dem Fonds liegen sollen. Gut gemanagte Fonds können also mehr Rendite abwerfen als ein ETF, sie sind aber auch oft teurer, weil mehr Gebühren anfallen, die den Gewinn reduzieren.

Ratenkredit. Der Ratenkredit oder Konsumentenkredit ist ein Kredit mit fest vereinbartem Zins und fester Laufzeit. Damit können Sie sich eine größere Summe von einer Bank leihen, zum Beispiel für eine neue Einrichtung oder ein Auto.

Tagesgeld. Tagesgeld ist eine Geldanlage ohne feste Laufzeit mit variabler Verzinsung. Das heißt, dass die Bank den Zinssatz jederzeit erhöhen oder senken darf. Tagesgeld wirft jedoch seit Langem kaum noch etwas ab, die größte Attraktion ist also seine tägliche Verfügbarkeit – eine gute Variante also für den klassischen Notgroschen. Wie beim Festgeld gilt auch hier: Es gibt kein Kursrisiko, aber man sollte das Geld bei einer Bank anlegen, die in die Einlagensicherung fällt. (Also keine dubiosen Gratisbanken aus Saudi-Arabien aussuchen, egal, wie verlockend die Verzinsung klingen mag!)

Zertifikate. Ein Zertifikat ist eine Schuldverschreibung, deren Wertentwicklung wiederum von der Wertentwicklung eines zugrunde liegenden Basiswerts abhängt. Das können Aktien eines bestimmten Unternehmens sein, Indizes, aber genauso Rohstoffe oder Währungen. Mit Zertifikaten kann man in Märkte investieren, die für Privatanleger ansonsten nicht oder nur schwer zugänglich wären. Kosten und Nutzen der Zertifikate sind aber oft auch schwer zu durchschauen. Ganz wichtig: Es besteht ein Totalverlustrisiko, wenn die Bank, die das Zertifikat ausgegeben hat, in die Insolvenz geht. Das ist zum Beispiel bei der Pleite der US-Bank Lehman Brothers vielen Kunden passiert. Zertifikate sind jedenfalls nur eine Option für sehr fortgeschrittene Anlegerinnen.

Aktien

Jetzt nicht weglaufen! Sie sind schon so weit gekommen auf Ihrem Weg zur finanziellen Unabhängigkeit, da können Sie ja wohl nicht kneifen, wenn es darauf ankommt. Denn ja: Aktien sind absolut essenziell, wenn es um den Aufbau Ihres Vermögens geht. Und sie sind auch gar nicht so kompliziert, wie es manchmal klingt. Vielleicht wollen Sie jetzt sagen, Aktien seien nichts für Sie.

Dass Sie lieber eine Investitionsform mit weniger Risiko hätten, auch wenn die Renditeaussichten dann vielleicht geringer wären. Das ist eine sehr verbreitete Haltung, aber um es klar zu sagen: Es entgeht Ihnen etwas. (Gut, Sie müssen nicht verhungern, nur weil Sie keine Aktien kaufen. Aber Sie kommen niemals zu dem Maß an finanziellem Wohlstand, das Ihnen zusteht. Und das ist ja wohl keine Option, oder?)

Aktien zu kaufen ist eine der schlausten Entscheidungen, die Sie treffen können – und dazu müssen Sie weder ein Genie noch eine durchgeknallte Alles-oder-nichts-Zockerin sein. Wichtig zu wissen ist, dass Aktien als Anlageform umso sicherer sind, je langfristiger Sie denken. Viele Menschen denken bei Aktien vor allem an kurzfristige Spekulationsgeschäfte, aber in Wirklichkeit sind sie besonders als Anlage, die über Jahre oder Jahrzehnte läuft, geeignet. Das bedeutet, wenn Sie auch Schwankungen an der Börse – und die gibt es! – aushalten, stehen die Chancen sehr gut, dass Sie am Ende mit einer ausgezeichneten Bilanz dastehen. Und mit einer ordentlichen Altersvorsorge.

Trotzdem gibt es natürlich Risiken: Als Aktienbesitzerin gehört Ihnen ein Teil des Unternehmens, und Sie tragen das unternehmerische Risiko mit. Das bedeutet, dass im allerschlimmsten Fall, wenn ein Unternehmen pleitegeht, die Aktien wertlos werden können. Deshalb sollten Sie niemals Ihr gesamtes Geld in die Papiere eines einzigen Unternehmens investieren, sondern das Risiko streuen: entweder, indem Sie verschiedene Einzelaktien kaufen, oder indem Sie in einen Aktienfonds investieren. In dem sind mehrere Titel gebündelt.

Warum Aktien so wichtig sind, sieht man, wenn man sie mit anderen Anlageformen vergleicht. Auf dem Tagesgeldkonto zum Beispiel wird es wohl noch mehrere Jahre lang kaum Zinsen geben, das ist für einen langfristigen Vermögensaufbau also absolut ungeeignet. Über die vergangenen 35 Jahre etwa erzielte eine Anlegerin, die monatlich 100 Euro zurücklegte, mit Anleihen eine durchschnittliche Jahresrendite von 5,9 Prozent. Mit deutschen Aktien dagegen waren es 7,8 Prozent. Auf den ersten Blick ist das ein kleiner Unterschied, in der Endabrechnung aber ein großer: Wer auf Aktien setzte, hatte nach 35 Jahren trotz mehrerer Aktien-Crashs mit 206.150 Euro satte 71.000 Euro mehr auf dem Konto als die Anleihekäuferin.

Einen langfristigen Anlagehorizont zu haben, ist dabei aber wichtig. Natürlich kann man Aktien oder Aktienfonds zur Not auch kurzfristig verkaufen, wenn man das Geld benötigt. Wenn der Zeitpunkt aber ungünstig ist, muss man vielleicht Kursverluste hinnehmen. Wer in absehbarer Zeit sein Geld für eine Immobilie oder ein Auto braucht, sollte es also nicht nur für einen kurzen Zeitraum in Aktien parken.

Wie man ein Aktiendepot eröffnet

Um Wertpapiere kaufen zu können, muss man ein Depot eröffnen. Dazu müssen Sie mindestens 18 Jahre alt sein und ein Girokonto bei einer Bank haben, andere Voraussetzungen gibt es nicht. Sie sind mit dem Depot keineswegs an die Bank gebunden, bei der Sie Ihr Girokonto führen, sondern können frei wählen. Filialbanken – wie Volksbanken und Sparkassen – berechnen für die Depotführung allerdings oft eine Grundgebühr, anders als die meisten Online-Banken. Zusätzlich fallen bei allen Banken Ordergebühren an, wenn man Wertpapiere kauft oder verkauft. Bei Filialbanken liegt der Satz in der Regel bei einem Prozent der Anlagesumme, bei Direktbanken gibt es auch Angebote für 0,25 Prozent. Ein Depot bei einer Online-Bank ist also in der Summe eine gute Wahl.

Einfache Anlagestrategien

Wenn Sie regelmäßig eine bestimmte Summe in Aktien investieren möchten, dann ist ein Aktiensparplan ein einfacher Weg: Dafür müssen Sie üblicherweise mindestens 50 Euro im Monat aufbringen, manchmal ist es auch schon ab 25 Euro möglich. Dieser Betrag wird dann automatisch für den Kauf von Fondsanteilen vom Girokonto abgebucht. Haben Sie 100 oder 150 Euro im Monat übrig, könnten Sie die auf mehrere verschiedene Sparpläne aufteilen, statt die gesamte Summe in ein Produkt zu stecken. Der Vorteil an dieser Methode ist der hohe Grad an Automatisierung. Sie kümmern sich einmal darum und müssen dann nicht mehr viel tun. Außerdem werden durch die regelmäßigen Zukäufe die Kursschwankungen ein Stück weit ausgeglichen: Vielleicht kauft man in einem Monat etwas zu teuer, dafür im nächsten Monat aber wieder besonders günstig ein.

Fondsanteile kann man zudem jederzeit verkaufen, wenn man dringend Geld braucht, wenn auch unter Umständen mit Kursverlust. Zudem behält man bei einem Fondssparplan Flexibilität: Man kann die Raten jederzeit aussetzen oder Geld entnehmen, wenn die Zeiten plötzlich unerwartet mager werden. Und noch ein Pluspunkt: Wenn eine bestimmte Summe regelmäßig abgebucht wird, gewöhnt man sich meist schnell daran und vermisst sie nicht – während im Hintergrund mit dem kleinen Betrag Vermögen aufgebaut wird.

Für einen Sparplan sollte man sich auf jeden Fall einen Aktienfonds aussuchen, da Anleihefonds schon seit Längerem keine nennenswerten Renditen erwirtschaften. (Abzüglich Inflation und Steuern bleibt häufig gar nichts übrig, und wozu dann die ganze Anstrengung?) Gut geeignet als Grundstein ist ein in Euro laufender weltweiter Aktienfonds mit Dividendenfokus. Am kostengünstigsten sind Aktiensparpläne auf ETFs, also Indexfonds.

Diese Fondsanteile können Sie meist ganz einfach selbst über Ihr Depot kaufen – oder Sie gehen zum Bankberater. Dabei ist allerdings wichtig zu wissen: Banken und Sparkassen bieten Indexfonds selten von sich aus an, weil sie daran weniger verdienen. Sie müssen also meist aktiv danach fragen. In der Bankfiliale werden Ihnen in der Regel Fonds angeboten, die von Fondsmanagern aktiv gemanagt werden, zum Beispiel Dachfonds. Diese Fonds sind in der Regel aber sehr viel teurer: Sie zahlen dann zum Beispiel zum Vertragsabschluss erst einmal bis zu fünf Prozent Ausgabeaufschlag, allein für die Beratung. Bei einer Anlagesumme von 10.000 Euro wären das 500 Euro. Dazu kommen jährliche Verwaltungsgebühren von bis zu zwei Prozent, es gehen also bei unserem Beispiel noch mal jährlich 200 Euro von Ihrem Geld an die Fondsgesellschaft von Bank oder Sparkasse, bevor Sie überhaupt irgendetwas davon haben. Sie sind also weitaus besser dran, wenn Sie das über Ihr Online-Depot selbst erledigen.

Was ein ETF-Sparplan fürs Alter bringen kann, zeigt folgende Rechnung: Wer mit dreißig Jahren monatlich 250 Euro anlegt und eine jährliche Rendite von 1,5 Prozent erreicht, hat mit 67 Jahren 148.000 Euro zur Verfügung. Legt man diese Summe mit Beginn des Ruhestands weiter mit einer Rendite von 1,5 Prozent an, kann man sich 19 Jahre lang 750 Euro im Monat auszahlen. Das ist als Ergänzung zur staatlichen Altersvorsorge schon mal ein guter Anfang. Natürlich müssen Sie nicht monatlich in Aktien investieren, Sie können auch einmalig einen größeren

Betrag anlegen – wenn Sie zum Beispiel geerbt oder eine Abfindung bekommen haben. Der Vorteil: Wer alles auf einen Schlag investiert, hat etwas niedrigere Fixkosten, weil er nicht jeden Monat kauft, sondern nur einmal. Der Nachteil: Oft bleibt die Sorge, zum falschen Zeitpunkt eingestiegen zu sein, und die Gefahr, panisch zu verkaufen, wenn die Börse einmal um zwanzig Prozent einbricht. Aber natürlich gilt auch hier: Für Aktien sollte man einen langfristigen Anlagehorizont haben.

Technik

Wenn Sie sich zum Beispiel für einen Aktiensparplan entschieden haben, tragen Sie einfach die entsprechende Wertpapier-Identifikationsnummer (ISIN) des Sparplan-Fonds ein sowie eine Rate und ein Referenzkonto, von dem Ihr Beitrag abgeht (also etwa Ihr Girokonto). Beim Kauf des Wertpapiers müssen Sie eintragen, wie viel Stück Sie kaufen wollen. Dazu müssen Sie den Betrag, den Sie investieren müssen, durch den aktuellen Kurs der Aktie teilen. Wenn Sie zum Beispiel 5.000 Euro investieren möchten in eine Aktie, die aktuell bei 40 Euro steht, ergibt das 125 Stück, die Sie kaufen. Der Kaufkurs Ihres Wertpapiers wird automatisch angegeben, wenn Sie die ISIN eingegeben haben. Zudem können Sie, wenn Sie mögen, ein Limit setzen, um zu vermeiden, plötzlich sehr teuer zu kaufen, weil der Markt schwankt. Wollen Sie also ein Papier für 9,50 Euro kaufen, und der Kurs steigt binnen Minuten auf 9,60 Euro, wird die Order nicht ausgeführt. ETFs sind normalerweise nach zwei Bankarbeitstagen auf Ihrem Depot gebucht.

Nachhaltigkeit

Immer mehr Menschen machen sich auch bei der Geldanlage Gedanken, welche Folgen ihre Entscheidungen nicht nur für ihre Finanzen, sondern zum Beispiel auch für die Umwelt haben. Denn tatsächlich ist es so: Wenn Sie ein ETF auf einen globalen Aktienindex kaufen, legen Sie Ihr Geld automatisch auch in Unternehmen an, die Sie vielleicht nicht unterstützen möchten. Es gibt aber auch Finanzprodukte, die auf Nachhaltigkeit achten und trotzdem kostengünstig sind. Ökologische und ethische ETFs sortieren Unternehmen aus Branchen wie Gentechnik, Rüstung, Atomkraft oder Alkohol aus, ebenso wie Firmen, die bei ihren Zulieferern Kinderarbeit erlauben. Da fallen viele große Konzerne weg, aber es bleiben ungefähr 400 bis 600 Firmen aus aller Welt dabei übrig – immerhin. Diese Fonds sind also immer noch sehr breit gestreut. Die Bank UBS oder der Indexanbieter iShares bieten solche Indexfonds an. Bei der Direktbank DKB kann man sogar mit Sparplänen monatlich in diese Fonds einzahlen. Noch gibt es keinen EU-weiten Standard für nachhaltige Finanzanlagen, die EU-Kommission arbeitet gerade daran.

Steuern

Sie sind jetzt also eine richtige Investorin, ausgezeichnet! Leider müssen richtige Investorinnen auch richtige Steuern auf ihre Kapitalgewinne bezahlen. Auf Zinsen, Dividenden und realisierte Kursgewinne (also der Gewinn, den Sie machen, wenn Sie Ihre Wertpapiere wieder verkaufen sollten) werden in Deutschland

25 Prozent Abgeltungssteuer und in Österreich 27,5 Prozent Kapitalertragsteuer fällig.

In Deutschland kommen noch der Solidaritätszuschlag und je nach Kirchenzugehörigkeit die Kirchensteuer dazu. Insgesamt können Sie kalkulieren, dass Ihnen 26 bis 28 Prozent der Erträge abgezogen werden. Aber immerhin: Sie müssen sich darum nicht selbst kümmern. Denn die Abgeltungssteuer ist eine Quellensteuer. Sie wird direkt von der Quelle – also der Bank – an das Finanzamt weitergeleitet. Die Bank verrechnet auch Gewinne und Verluste automatisch, die Sie beim Kauf und Verkauf von Aktien gemacht haben. Nur die Differenz wird anschließend besteuert. Wenn Sie Ihre Aktien langfristig halten, betrifft das nur Ihre Dividenden-Einnahmen.

In Deutschland zu beachten: Kapitaleinkünfte wie Tagesgeldzinsen, Festgeldzinsen oder auch die Erträge aus dem Aktienhandel müssen, anders als in Österreich, nicht komplett versteuert werden. Das heißt: 801 Euro dürfen Anleger steuerfrei einnehmen.

Wer seine Steuererklärung gemeinsam mit dem Ehepartner abgibt, hat 1.602 Euro zur Verfügung. Damit dieser Sparer-Pauschbetrag gar nicht erst an das Finanzamt fließt, sollten Sie einen sogenannten Freistellungsauftrag ausfüllen. Diesen finden Sie auf der Internetseite Ihrer Bank. Falls Sie Ihr Geld bei mehreren Banken angelegt haben, sollten Sie auch mehrere Freistellungsaufträge stellen. Teilen Sie den Sparer-Pauschbetrag so auf, dass die voraussichtlichen Einkünfte aller Konten abgedeckt sind. Zu viel gezahlte Steuern können Sie sich am Jahresende aber auch mit Ihrer Steuererklärung und der Anlage KAP (Einkünfte aus Kapitalvermögen) wiederholen.

Und jetzt für Feinspitze: Das Ausfüllen der Anlage KAP kann sich ohnehin lohnen. Liegen Sie mit Ihrem privaten Steuersatz unter der Abgeltungssteuer, können Sie unter Umständen diesen gültig machen. Dazu kreuzen Sie das Kästchen bei der Günstigerprüfung an. Das Finanzamt prüft dann, ob Sie zu viel Steuern gezahlt haben. Das ist dann der Fall, wenn sich Ihre Einkünfte auf maximal 16.000 Euro summieren. Aber auch, wenn das Arbeitseinkommen unter 16.000 Euro liegt und Sie zusammen mit Aktiengewinnen weniger als 50.000 Euro verdienen, kann sich die Günstigerprüfung lohnen. Im Zweifel sollten Sie die Anlage KAP ausfüllen, denn mehr abziehen darf Ihnen das Finanzamt auf keinen Fall.

Wer hingegen nicht einkommenssteuerpflichtig ist, zahlt auch keine Kapitalertragsteuer. In diesem Fall sollten Sie beim Finanzamt eine Nichtveranlagungsbescheinigung beantragen. Betroffen sind all diejenigen, die keine oder nur sehr geringe Einkünfte haben, zum Beispiel Rentnerinnen und Studentinnen. Und, wichtig, das gilt auch, wenn Sie für Ihre Kinder ein Depot eröffnet haben. Wie beim Freistellungsauftrag wird Ihr Geld dann gar nicht erst an das Finanzamt abgeführt.

Auch in Österreich werden die meisten Kapitaleinkünfte mit 27,5 Prozent versteuert und automatisch von der Bank an das Finanzamt weitergeleitet. Der Unterschied zu Deutschland: Alle steuerpflichtigen Anleger müssen Einkünfte aus ihrem Kapitalvermögen ab dem ersten Euro versteuern. Es gibt keinen Freibetrag. Aber hey, dafür auch weniger Papierkram.

Beratung

Früher nannte man Mitarbeiter am Schalter ja auch gerne Bankbeamte, was ganz gut illustriert, welchen Vertrauensvorschuss sie bekamen. Spätestens seit der Finanzkrise ist das anders, heute begegnen viele Menschen ihrem Bankberater mit Skepsis. Ein wenig Vorsicht ist auch angebracht, denn ein Bankmitarbeiter ist eben auch ein Verkäufer – und die Bank ein Unternehmen, das mit Ihnen etwas verdienen möchte. Dementsprechend sind auch die Angebote und Ratschläge zu betrachten, die Ihnen dort gemacht werden: Die müssen nicht total verkehrt sein, aber Sie können schon davon ausgehen, dass die Frage, woran die Bank am meisten verdient, in diese Beratung, nun ja, mit einfließt.

Für den Verkauf von Wertpapieren, Fonds, aber auch bei der Vermittlung eines Immobilienkredits erhalten Sie vom Anbieter Provisionen. Bei einem Anleihe- oder Aktienfonds beispielsweise zweigt der Berater rund drei bis fünf Prozent der gesamten Anlagesumme, den sogenannten Ausgabeaufschlag, für die eigene Bank ab. Häufig zahlen Kunden für diese Produkte zudem laufende Gebühren. Gerade in Zeiten von Minizinsen verdient also zuerst die Bank und erst viel später die Kundin (wenn überhaupt).

Kostengünstige Indexfonds (ETFs) etwa erhält man in der Bankfiliale daher häufig nur, wenn man hartnäckig nachfragt. Viel lieber verkaufen die Banken komplizierte Mischfonds oder sogar Zertifikate, von denen man ohnehin die Finger lassen sollte, wenn man nicht extrem tief in der Materie steckt. Außerdem konzentrieren sich die Berater oft auf das Vermögen und lassen die Kredite außen vor. Dabei ist Schuldentilgung oft schlauer als die Geldanlage.

Wenn Sie sich in der Bank beraten lassen, fragen Sie also ruhig, was genau Ihr Berater oder Ihre Beraterin am Verkauf des Produkts verdient und welche Erfahrungen andere Kunden damit gemacht haben. Zudem müssen die wichtigsten Punkte im Beratungsgespräch schriftlich festgehalten und von Ihnen unterschrieben werden. Unterschreiben Sie dieses Beratungsprotokoll nur, wenn Sie auch wirklich alle darin erwähnten Punkte besprochen und verstanden haben.

Bei Beratungsfehlern ist es heute möglich, den Verlust einzuklagen, auch wenn das natürlich sehr mühsam und nicht wünschenswert ist. Dafür hat man drei Jahre Zeit. Die Dreijahresfrist beginnt ab dem Zeitpunkt, an dem der Beratungsfehler erkannt wurde.

Eine Alternative zur Bankberaterin, die auf die Provision schielt, ist eine Honorarberaterin oder ein Honorarberater. Die kosten zwar pro Stunde zwischen 100 und 300 Euro, haben dafür aber keinen Anreiz, Ihnen unnötig teure Produkte zu verkaufen.

Auch sie sind aber nicht frei von Konflikten und könnten Sie zum Beispiel möglichst lange beraten, um ihre Einnahmen zu maximieren. In der Summe ist das Geld vielleicht trotzdem gut investiert, wenn es Sie vor einer viel teureren Fehlentscheidung schützt.

Im Internet gibt es mehrere Portale, die die Suche nach Honorarberatern erleichtern, zum Beispiel *www.finanztip.de* oder *www.finanzfachfrauen.de*. Auch auf *www.berater-lotse.de* etwa finden sich mehr als tausend Berater, die nur über Honorar arbeiten. Die Internetseite *www.diealtenhasen.de* listet Honorarberater für Senioren auf. Ein weiterer Wegweiser kann *www.whofinance.de* sein, ein Bewertungsportal, nicht nur für Filialen von Banken, sondern auch für Finanz-, Versicherungs- oder Immobilienfinanzierungs-Berater.

Eine ziemlich gute Alternative ist die Beratung in Verbraucherzentralen. Nach eigener Auskunft wollen die Verbraucherzentralen zwar lediglich beim Einkauf der Produkte helfen, damit man dann selbstbestimmt entscheiden kann. Aber man kann dort zum Beispiel eine zweite und kompetente Meinung einholen, ob man sich die richtigen ETFs für den Fondssparplan herausgesucht hat oder ob man in Sachen Riester-Antrag alles richtig gemacht hat. Auch das ist freilich nicht gratis: Bei der Verbraucherzentrale Baden-Württemberg kostet eine zweistündige Beratung 160 Euro. In den Verbraucherzentralen in Bayern zahlt man für eine eineinhalb Stunden dauernde Beratung 90 Euro. Die Wartelisten sind lang, ein Besuch kann sich aber lohnen.

In Österreich ist das Angebot an Honorarberatern noch weitaus geringer. Dafür kann man sich beim Verein für Konsumenteninformation sehr günstig beraten lassen. Für eine ausführliche Beratung in Finanzfragen muss man mit etwa 25 Euro rechnen.

Robo-Advisor

Die Digitalisierung bringt auch in der Finanzbranche Neuerungen hervor. Es gibt jetzt zum Beispiel Robo-Advisor. Das sind Online-Programme, die für Kunden die Geldanlage übernehmen oder auch geeignete Fonds empfehlen. Inzwischen haben fast alle großen Banken einen eigenen Robo-Advisor.

Bevor der Anlage-Roboter loslegt, beantwortet man auf der jeweiligen Webseite erst einmal ein paar Fragen. Zum Beispiel:

»Welches Ziel verfolgen Sie mit Ihrer Anlage?« Oder: »Wie hoch ist Ihr Netto-Monatseinkommen?« Das Ganze soll die Gespräche simulieren, die sonst Kunden und Berater miteinander führen. Der Robo-Advisor ermittelt also die Risikoneigung und die finanzielle Situation der Kunden und macht dann Anlagevorschläge. Oft kommt dann ein Portfolio heraus, das sich aus ETFs zusammensetzt, manchmal enthält es auch Investments in Rohstoffe, Edelmetalle und Immobilien. Der Roboter schlägt dann also ein Portfolio vor, das zum Beispiel zu fünfzig Prozent in Anleihen, dreißig Prozent in Aktien und zwanzig Prozent in Rohstoffe investiert und diese Verteilung auch dauerhaft beibehält. Einmal angelegt müssen sich Anleger um nichts mehr kümmern, das Portfolio wird automatisch überwacht und bei Bedarf angepasst – zum Beispiel, wenn Aktien zu stark an Wert gewonnen haben. Nimmt man das schlechte Börsenjahr 2018 als Beispiel, dann schneiden die digitalen Anbieter ganz gut ab, ihr Minus ist nicht ganz so groß wie das vergleichbarer Fonds.

Der Vorteil dieser Angebote: Im Vergleich zu einer klassischen Vermögensverwaltung, für die man pro Jahr selten weniger als zwei Prozent des Vermögens bezahlen muss, sind Robo-Advisor mit 0,8 bis 1,2 Prozent recht günstig. Außerdem kann man diese Roboter-Verwalter auch schon mit einem kleinen Vermögen nutzen – während klassische Vermögensverwalter oft nur Millionäre beraten. Die Robo-Angebote der Banken sind einander recht ähnlich, man sollte also auf die Kosten achten. Es gibt auch bankenunabhängige Robo-Advisor, wie Easyfolio oder Vaamo.

Robo-Advisor sind durchaus eine Alternative für Anleger, die wenig Aufwand, aber trotzdem eine gute Geldanlage haben möchten. Trotzdem kann, wer sein Geld selbstständig auf unterschiedliche Anlageformen verteilt und dann zur Sicherheit noch einen Berater in der Verbraucherzentrale draufschauen lässt, mitunter günstiger aussteigen.

Finger weg!

Finanzen sind ein weites Feld, aber es gibt Produkte, die praktisch immer eine schlechte Entscheidung sind (die Radlerhosen der Geldanlage sozusagen). Vor allem von dem sogenannten »Grauen Kapitalmarkt« sollten Sie sich fernhalten. Darunter versteht man Anlageprodukte von Anbietern, die wenig reguliert sind.

Das Problem ist, dass diese Produkte oft als vermeintlich besonders sicher und womöglich auch noch ökologisch wertvoll beworben werden. Oft geht es um die Finanzierung von Windrädern, Schiffen oder Schiffscontainern. Die angebliche staatliche Prüfung, von der dort die Rede ist, ist aber nur eine formale, bei der lediglich gesetzliche Mindestanforderungen geprüft werden. Werden Sie also immer misstrauisch, wenn Anbieter mit außergewöhnlich hohen Renditen in Kombination mit einer staatlichen Prüfung werben. Zusätzlich zum normalen Verlustrisiko gibt es immer auch das Risiko, betrogen zu werden – etwa durch ein Schneeballsystem, das eigentlich gar keine Gewinne abwirft und sich nur durch immer neue betrogene Anleger finanziert.

Ein Hochrisikoinvestment sind auch Kryptowährungen wie Bitcoin: Erstens können Sie diese Währung im Alltag so gut wie nie einsetzen. Zweitens gibt es keine Zentralbank, die im Extremfall den Wert dieser Währung garantiert. Die Wertschwankungen sind extrem und überhaupt nicht prognostizierbar, und Bitcoins haben überhaupt keinen materiellen Wert – mal ganz abgesehen davon, dass bei der Entstehung auch noch sehr viel Strom verbraucht wird. Wenn Sie es wirklich unbedingt ausprobieren wollen, dann nur mit einem Betrag, dessen Totalverlust Sie finanziell und emotional locker wegstecken würden. Wenn Sie den Kick suchen, überlegen Sie sich lieber einen Fixbetrag und machen Sie sich damit einen schönen Abend im Casino.

Zertifikate (manchmal auch Aktienanleihen genannt) sollten Sie sich ebenfalls nicht aufschwatzen lassen – auch nicht, wenn Ihre Bank oder Sparkasse sich redlich bemüht, Ihnen diese Papiere zu verkaufen. Chancen, Risiken und Kosten dieser Produkte sind oft sehr schwer zu beurteilen. Aber fast immer ist klar: Daran verdient vor allem die Bank.

Auch Gold ist umstritten: Es bringt weder Zins noch Dividende, dazu kommen außerdem Kosten für die Miete eines Bankschließfachs oder den Kauf eines Tresors. In Krisenzeiten flüchten aber viele Anleger in Gold, was den Kurs mitunter ganz schön nach oben treiben kann. In jedem Fall ist es kein zwingender Bestandteil Ihrer Anlagestrategie.

Puh, wir räumen ein: Das war jetzt ein hartes Stück Arbeit. Aber während Sie nun auf Ihr neues Depot blicken, gönnen Sie sich einen Cocktail mit Kirsche und Schirmchen und freuen Sie sich: Sie sind jetzt eine echte Königin des Geldes.

Feiern

Partystrategien
für Königinnen
des kleinen Budgets

Nach all dem Stress ist es Zeit für ein bisschen Zerstreuung – und dafür gibt es nichts Besseres als eine entzückende kleine Party. Es ist doch so: Alles, was Sie die Woche über Nerven gekostet hat, verschwindet in einem Nebel der Seligkeit, wenn Sie von Menschen umgeben sind, die Sie mögen, die mit zunehmend schwerer Zunge ohne Unterlass auf Sie einreden, und die sich irgendwann nach Mitternacht so legendär danebenbenehmen, dass Sie sich noch Jahre später davon erzählen.

Damit Sie danach aber nicht für den Rest des Monats von Knäckebrot und Kopfschmerztabletten leben müssen, kommen hier Tipps für fantastische Abende bei kleinem Budget.

Wie man eine Partynacht inszeniert

Wenn Ihnen der Sinn nach einem fantastischen, lauten Durcheinander mitten in Ihrem Wohnzimmer steht, gibt es nur zwei Dinge, die entscheidend sind: Atmosphäre und Alkohol. Für die Atmosphäre schieben Sie die Möbel im Bedarfsfall so, dass genug Platz zum Rumstehen ist – es gibt nichts Einschläfernderes als eine Party, auf der jeder einen Sitzplatz sucht, von dem er sich den ganzen Abend nicht mehr wegbewegt. Den Esstisch platzieren Sie am besten irgendwo an der Wand und nutzen ihn als Bar. Sorgen Sie außerdem – das ist wichtig!: für schummriges Licht aus verschiedenen Leuchten: Der schlimmste Stimmungskiller ist eine helle Deckenlampe. Übertreiben Sie es nicht mit Kerzen. Es wird im Raum sonst schnell zu heiß (und wenn Ihre Gäste zu später Stunde schon ein bisschen schwanken, ist ein riesiger Kerzenleuchter mitunter ein echtes Brandrisiko). Denken Sie außerdem daran, Sitzecken einzurichten, in die sich zwei Leute zurückziehen können, die möglicherweise gerade füreinander, nun ja… entflammen. Falls Sie einen Balkon oder einen Garten haben, beziehen Sie den auf jeden Fall mit ein: Sorgen Sie auch dort für stimmungsvolles Licht, platzieren Sie Decken und Aschenbecher.

Wenn Sie es rustikal und bierlastig halten wollen, können Sie auf jede weitere Dekoration verzichten. Bevorzugen Sie es schicker, können Sie mit Kissen, Plaids und Tüchern, die Sie vielleicht ohnehin in Unmengen zu Hause haben, unangestrengtes Bohemian-Flair inszenieren. Oder Sie entscheiden sich für weiße Tischdecken und Pompons, die Sie von der Decke baumeln lassen (die können Sie für ein paar Euro kaufen, aber auch aus großen Papierservietten in ein paar Minuten selbst machen).

Und, natürlich: Planen Sie die Musik. Wenn Sie keine Expertin sind, ist es keineswegs verkehrt, sich einfach auf eine fertige Playlist zu verlassen, die schon irgendjemand anders mit Bedacht zusammengestellt hat. Aber als Anregung: Der Sound vergangener Zeiten ist immer gut, das macht die Leute nostalgisch – ganz unabhängig davon, ob es Nirvana, die Rolling Stones oder Édith Piaf ist.

Im optimalen Fall haben Sie nun eine perfekte Kulisse geschaffen und noch keinen Cent ausgegeben. Ausgezeichnet! Ganz umsonst kommen Sie aber nicht davon, denn jetzt kommt der Alkohol: Kalkulieren Sie drei Liter Getränke pro Person, Wasser und Saft eingerechnet. Dann sollte keiner verdursten müssen. Das genaue Konsumverhalten variiert je nach Publikum, aber als Anhaltspunkt: Bier wird in der Regel am meisten konsumiert, es sollte deutlich mehr als die Hälfte der Gesamtmenge ausmachen. (Gut für Sie, das ist am günstigsten!) Sie brauchen kein vollständiges Bar-Sortiment. Wenn Sie für zwei verschiedene Sorten Longdrinks ausgestattet sind und für den Beginn des Abends noch einen Begrüßungscocktail für jeden vorbereitet haben, ist das neben Bier, Wein und Prosecco vollkommen ausreichend.

Weil Sie Ihre Gäste spät einladen, bräuchten Sie eigentlich kein Essen, von Nüssen, Chips und Salzgebäck mal abgesehen. Trotzdem ist es charmant, sein Publikum nicht hungern zu lassen. Mit verschiedenen Sorten Brot, ein paar Aufstrichen (in hübschen Schüsseln, nicht in der Plastikverpackung!) und ein paar Oliven sind alle elegant versorgt – auch die, bei denen das Abendessen ausgefallen ist. Und als Extra: Wenn Sie nach Mitternacht noch einmal etwas Infantiles aus dem Hut zaubern, machen Sie alle glücklich. Riesenseifenblasen, eine Piñata, Knisterbrause oder Eis am Stiel – Partygäste zu vorgerückter Stunde begeistern sich für die gleichen Dinge wie Ihre siebenjährige Nichte. Was auch immer Sie auspacken, alle werden es lieben.

Wie man eine Dinnerparty ausrichtet

Während eine späte Party mit vielen Leuten eigentlich nicht viel Vorbereitung braucht, erfordert eine Dinnereinladung für fünf bis acht Gäste einen gewieften Schlachtplan, besonders wenn Sie nicht nur einen schönen, sondern auch noch einen budgetverträglichen Abend haben möchten. Klar, wenn Sie einen Caterer bestellen, der Rinderfilet für acht serviert, haben Sie keinen Stress, und alle werden das Essen mögen. Allerdings werden Sie dafür eine Summe bezahlen, für die Sie auch eine Woche Strandurlaub machen könnten. Alternativ helfen Ihnen diese Tipps.

Decken Sie den Tisch mit Hingabe. Bügeln Sie die Tischdecke, auch wenn Sie normalerweise zu der Fraktion »Den Unterschied sieht kein Mensch« gehören. Verwenden Sie Stoffservietten und schönes Geschirr (gerne auch altes mit Blumenmuster und Goldrand, das Sie von irgendeiner Großtante geerbt oder auf dem Flohmarkt erstanden haben). Polieren Sie die Gläser und das Besteck. Achten Sie darauf, dass Kerzen und Blumen nicht zu hoch ausfallen – Gäste, die sich gegenübersitzen, sollten sich uneingeschränkt sehen können.

Strahlen Sie bei der Begrüßung. Nichts ist entscheidender für einen gelungenen Abend als Gäste, die sich von Anfang an willkommen fühlen. Begrüßen Sie also jeden Einzelnen mit Begeisterung, auch wenn alle im Pulk kommen oder wenn jemand eine Begleitung mitbringt, die Sie zum ersten Mal sehen. Sorgen Sie dafür, dass an der Garderobe genug Platz für die Mäntel Ihrer Gäste ist, oder nehmen Sie sie persönlich ab und hängen sie ins

Schlafzimmer (oder wo auch immer Sie sonst Platz dafür haben).

Füllen Sie die Mägen, bevor es richtig losgeht. Stellen Sie auf jeden Fall genug Brot auf den Tisch, dazu vielleicht gesalzene Butter oder Hummus. Servieren Sie einen unkomplizierten Salat als Vorspeise und peppen Sie ihn mit Nüssen, Birnen und ein paar Granatapfelkernen auf. Das sieht hübsch aus und kostet praktisch keine Mühe und kaum Geld.

Sparen Sie sich Experimente. Eine private Einladung zum Essen verlangt keineswegs nach kulinarischer Exotik. Im Gegenteil: Klassiker, die Sie gut beherrschen, sind eine optimale Wahl. (Lassen Sie also das Straußenfilet gerne links liegen.) Wenn Sie Fleisch servieren möchten, ist Geflügel eine sehr gute Entscheidung, weil Sie es auch in Bioqualität zu erträglichen Preisen einkaufen können und fast alle Gäste, die grundsätzlich Fleisch essen, mit Geflügel einverstanden sind (wogegen die Lage bei Rind- oder Schweinefleisch komplizierter sein kann). Wenn Sie für mehr als fünf Leute kochen, funktionieren Schmorgerichte sehr gut, zum Beispiel Coq au Vin. Klotzen Sie bei den Beilagen und bieten Sie mehrere Optionen an: Wer sich aussuchen kann, ob er lieber Bratkartoffeln, Kürbispüree oder Ofengemüse möchte, wird sich ausgezeichnet umsorgt fühlen (und außerdem vermutlich alle Varianten probieren und deshalb auf alle Fälle satt sein). Auch die Auflaufform ist eine gute Verbündete, wenn viele Gäste verköstigt werden sollen: Egal, ob Sie zarte Moussaka oder fantastische dampfende Cannelloni auf den Tisch bringen, das macht alle Leute glücklich. Den Nachtisch können Sie ohne schlechtes Gewissen simpel halten: Natürlich können Sie eine kleine Apfeltarte zaubern, wenn Sie Lust und Zeit dafür haben. Aber mit ein paar frischen Früchten, die Sie mit Zitrone, Honig und Fenchelsamen marinieren und mit einer Kugel Eis servieren, haben Sie auch eine elegante Option, für die Sie sich zudem nicht übermäßig anstrengen müssen.

Inszenieren Sie das Ende. Es kommt vor, dass sich Gäste so wohlfühlen, dass sie vergessen zu gehen. Wenn die Kerzen also runtergebrannt sind, aber sich mancher partout nicht zum Aufbruch durchzuringen scheint, servieren Sie Pralinen auf einem winzig kleinen Teller – genau abgezählt, für jeden verbliebenen Gast eine. Lächeln Sie und sagen Sie: »Noch etwas Kleines zum Abschluss.«. So unterstreichen Sie noch mal die liebevolle Haltung, die nun mal das Geheimnis jeder guten Gastgeberin und jedes guten Gastgebers ist, markiert aber auch einen Schlusspunkt.

Essen für zwei

Es spielt eigentlich keine Rolle, ob Sie eine neue Liebe das erste Mal zu sich nach Hause zum Essen einladen, oder ob Sie einen romantischen Abend mit dem Mann verbringen möchten, mit dem Sie schon seit Jahren zusammenleben. Die wichtigste Regel lautet: Halten Sie das Essen simpel, aber kaufen Sie Zutaten von ausgesuchter Qualität. Kochen Sie schon am Vormittag Ragout, das Sie dann den ganzen Tag auf kleiner Flamme vor sich hin köcheln lassen, und servieren Sie es abends mit Tagliatelle, Rotwein und sonst gar nichts. Oder braten Sie zwei Steaks und betten Sie sie auf buntes Gemüse, das Sie nur kurz gebraten und mit Rosmarin gewürzt haben. In jedem Fall gilt: Halten Sie die Portion übersichtlich und stellen Sie erst gar kein Brot auf den Tisch. Denn wenn Sie nach dem Essen pappsatt sind, werden Sie sich nur noch nach der Couch und einer unmöglichen alten Jogginghose sehnen. Und der Abend war ja eigentlich dazu gedacht, Ihrer Neugierde auf einander nachzugeben, oder?

Die Kucheneinladung

Manchmal möchten Sie vielleicht Menschen einladen, ohne deshalb riesigen Aufwand zu treiben und gleich einen ganzen Abend mit ihnen zu verbringen. Das können Ihre herzensguten, aber ein wenig anstrengenden Nachbarn sein oder Ihre Kollegen, mit denen Sie sich gut verstehen, denen Sie aber nicht Ihr ganzes Wochenende widmen wollen. Eine gute Option ist deshalb, sie zum Frühstück oder zu Kaffee und Kuchen einzuladen. Das kostet so gut wie nichts, vor allem wenn Sie einen schnellen Kuchen selbst backen – und die Sache ist zeitlich begrenzt. Das ist eine ziemlich gute Option, um etwas für Ihr gesellschaftliches Leben zu tun, ohne übermäßig viel Energie zu investieren.

Der Picknicknachmittag

Wenn Sie dieses Buch lesen, ist Corona hoffentlich nur noch eine ferne Erinnerung – aber selbst wenn es eine Pandemie ist, die Sie dazu bringt, Ihr gesellschaftliches Leben ins Freie zu verlegen, werden Sie es lieben! Wenn Ihnen ein romantischer Ausflug für zwei vorschwebt, brauchen Sie nichts weiter als einen einfachen Picknickkorb – Brot, Schinken, Käse, ein paar Oliven und Trauben für den Nachtisch – und eine Flasche Wein. Denken Sie an Servietten und packen Sie nach Möglichkeit eine zweite Decke ein. Sie möchten nicht vorzeitig aufbrechen müssen, weil Sie frieren oder von den Mücken zerfressen werden, wenn Sie es sich stattdessen auch zu zweit unter der Decke gemütlich machen und in den Himmel schauen könnten.

Wenn Sie eine ganze Gruppe Menschen zum Beispiel im Park versammeln möchten, investieren Sie ein wenig Mühe in die Inszenierung: Bringen Sie kleine Teppiche, Tücher oder was immer Sie sonst Passendes zu Hause haben und arrangieren Sie eine Sitzfläche mit vielen Kissen. Hängen Sie Lampions, Lichterketten oder bunte Schnüre in den Baum. Vielleicht haben Sie auch einen Klapptisch, auf dem Sie das Büfett arrangieren können. Ein Bluetooth-Lautsprecher für die Musik von Ihrem Handy, und Sie werden einen herrlichen Nachmittag verbringen!

Die Soll-ich-was-mitbringen-Sache

Wenn Gäste fragen, ob sie etwas mitbringen können, sagen Sie immer, immer ja. Das ist nicht nur gut, weil Ihnen das Geld und Aufwand spart, Sie verhindern damit auch, dass Ihnen jemand aus Verlegenheit irgendein seltsames Gastgeschenk mitbringt, das Sie gar nicht haben möchten. (Haben Sie schon mal einen Kaktus mit einem Keramiktopf in Form eines ausgelatschten

Schuhs bekommen? Versuchen Sie mal, im Angesicht dieses ästhetischen Albtraums angemessene Begeisterung zu heucheln.) Wenn Gäste Wein mitbringen, ist das ausgezeichnet, wenn es einen zusätzlichen Salat als Beilage gibt, genauso. Wenn Sie selbst eingeladen sind und der Anlass nicht allzu formell ist, fragen Sie auch, ob Sie etwas beitragen können. Wenn Sie Ihre Gastgeber nicht gut kennen, aber Wein unoriginell finden, ist Schnaps eine ausgezeichnete Idee. Sie werden ein paar Scherze à la »Was haben Sie denn heute noch mit uns vor?« zu hören bekommen, was ein wenig großväterlich und nicht besonders originell ist – und ein ganz ausgezeichneter Eisbrecher.

Immobilien

Wie man wohnt, ist ganz entscheidend, um sich wohlzufühlen. Da ist es verständlich, dass in der Vorstellung vieler Menschen eine eigene Immobilie eine Art Keimzelle für das große Glück ist: Wenn man erst mal ein Haus hat – mit Garten und Schildkröte! –, eine Dachterrassen-Wohnung in der Innenstadt oder eines von diesen todschicken Lofts in einem umgebauten Fabrikgebäude: Wie, um alles in der Welt, könnte man da nicht glücklich sein? Allerdings gibt es ein paar Dinge, die man bedenken sollte, bevor man all seine finanziellen Anstrengungen auf den Kauf einer Immobilie ausrichtet.

Sie müssen den Platz Ihrer Träume nicht besitzen, um dort wohnen zu können. Egal, wo und wie Sie leben möchten, es gibt fast immer auch die Möglichkeit, eine passende Immobilie zu mieten. Wenn Sie in Deutschland oder Österreich wohnen, haben Sie als Mieterin zudem sehr viele Rechte, was die Gestaltung von Wohnraum angeht. Sie können ausmalen, hämmern, anpflanzen und Teppich verlegen, wie es Ihnen gefällt. Und wenn sich Ihr Geschmack grundlegend ändert oder Ihnen der Sinn nach Veränderung steht, können Sie ohne großen Aufwand einfach umziehen.

Lebensumstände ändern sich. Im Leben gibt es viele verschiedene Phasen. Vielleicht werden Sie heiraten, vielleicht werden Sie sich wieder scheiden lassen. Wenn Sie Kinder haben, brauchen Sie erst so viel Platz wie möglich – aber wenn die erwachsen sind, ist Ihnen das Haus möglicherweise viel zu groß. Wenn Sie älter werden, können ein paar Treppen Ihnen das Leben schwer machen, über die Sie zwanzig Jahre vorher überhaupt nicht nachgedacht haben. Vielleicht ändern sich auch Ihre Wünsche:

Möglicherweise wollen Sie irgendwann in einer Seniorenwohngemeinschaft wohnen oder in einer Hippie-Kommune. Vielleicht wollen Sie zwei Jahre lang auf Weltreise gehen oder Ihren Lebensabend auf Hawaii verbringen. Sagen Sie jetzt nicht vorschnell nein! Im Leben ist jederzeit alles möglich, das ist die Schönheit des Spiels.

Es reden trotzdem immer andere mit. Eine eigene Immobilie zu besitzen, klingt nach größtmöglicher Selbstbestimmung. Aber die Wahrheit ist: Auch als Immobilienbesitzerin ist man von Nervensägen umgeben (so wie wir alle). Es ist also keineswegs so, dass Ihnen dann niemand mehr Vorschriften machen kann, im Gegenteil: Wenn Sie eine Wohnung besitzen, müssen Sie sich mit den anderen Wohnungsbesitzern im Haus über alles Mögliche verständigen. (Eigentümerversammlungen können schlimme, schlimme Qualen bedeuten!) Von der Gestaltung der Briefkästen bis zur Frage, welche Reparaturen gemacht werden sollen: Mit all dem müssen Sie sich gezwungenermaßen beschäftigen – und Sie sind dazu verdammt, sich mit Ihren Nachbarn zu verstehen. Wenn Sie ein Haus haben, haben Sie ständig mit der örtlichen Verwaltung zu tun: Wenn Sie anbauen wollen, brauchen Sie eine Genehmigung. Wenn Sie die Fassade pink streichen wollen, auch. Wenn Sie Anschlüsse für Wasser, Kanal oder Glasfaser brauchen: Sie sind immer vom Wohlwollen Dritter abhängig.

Sie binden sich. Der Kauf einer Immobilie ist wahrscheinlich die größte finanzielle Entscheidung Ihres Lebens – und eine sehr langfristige. Zum einen müssen Sie die Raten für den Kredit bedienen, auch wenn sich Ihre Lebensumstände ändern und Sie weniger Geld zur Verfügung haben. Wenn Sie die Immobilienfinanzierung vorzeitig abbrechen müssen, sei es wegen Krankheit, Scheidung oder Arbeitslosigkeit, lassen sich Banken das in der Regel verdammt teuer vergüten. Lassen Sie sich also nicht allein wegen der niedrigen Zinsen zum Immobilienkauf verführen: Die Preise für Immobilien in begehrten Lagen sind in Deutschland und Österreich in den vergangenen Jahren so stark gestiegen, dass das den Vorteil der niedrigen Zinsen oft schon wieder aufzehrt.

Der Markt ist eine Diva. Natürlich kann man ein Haus oder eine Wohnung auch wieder verkaufen. Allerdings haben viele Menschen unrealistische Vorstellungen von der Wertentwicklung ihrer Immobilie. Denn auch wenn immer über die hohen Preissteigerungen gesprochen wird, bedeutet das nicht, dass alle Objekte an Wert zulegen. Im Gegenteil: Der Markt liebt drei bis vier Zimmer in bester Innenstadtlage mit hohem Ausstattungsniveau und ohne Überraschungen. Bei einem originellen Häuschen im Grünen wird die Sache schon komplizierter. Wie viel Liebe Sie in die Gestaltung des Gartens gesteckt haben, zählt dann weit weniger als die Frage, warum die Heizung nicht dem neuesten Standard entspricht, die Fenster nicht vierfach verglast sind und weit und breit kein U-Bahn-Anschluss zu finden ist.

Sie wollen immer noch? Gut, dann sind Sie vielleicht wirklich die Richtige für Immobilienbesitz. Tatsächlich gibt es ja auch viele gute Gründe für eigene vier Wände. Man ist unabhängig von den immer schneller steigenden Mieten und tut automatisch etwas für seine Altersvorsorge: Wer zu Beginn des Ruhestands schuldenfrei ist, lebt dann mietfrei und hat somit weitaus geringere Lebenshaltungskosten.

Vor dem Kauf steht aber eine ehrliche Rechnung, ob man die monatlichen Belastungen stemmen kann. Dazu gehören nicht nur die Monatsraten für den Immobilienkredit, sondern auch weitere laufende Kosten: Neben Strom und Heizung müssen auch Grundsteuer und diverse kommunale Gebühren bezahlt werden. Zudem muss man als Immobilienbesitzerin unbedingt noch Rücklagen bilden können, denn wenn später einmal die Heizung oder das Dach erneuert werden müssen, kann das schnell verdammt teuer werden. Auch die Einmalkosten für den Kauf müssen bedacht werden: Grunderwerbsteuer, Notar und Makler gehen ins Geld – schon allein deshalb ist es sinnvoll, nur zu kaufen, wenn Sie die Immobilie mindestens zehn Jahre behalten möchten.

Finanzierung

Holen Sie auf jeden Fall mehr als ein Angebot für einen Kredit ein. Nur weil Sie schon seit ewigen Zeiten Kundin bei Ihrer Hausbank sind, bedeutet das nicht, dass die Ihnen auch das beste Angebot macht. Immobilienkreditvermittler wie Interhyp oder Dr. Klein können sich dabei auch lohnen, weil sie Zugang zu vielen Hundert Banken haben, günstige Konditionen heraussuchen und auch beraten können. Dafür bekommen sie von der Bank eine Provision von in der Regel 0,5 Prozent der Darlehenssumme, welche die Bank dann wieder auf den Kreditnehmer umlegt. Weil die Vermittler den Banken ein großes Kreditvolumen verschaffen, sind die Angebote dort oft sogar günstiger als die der Bank. Die Banken haben mit den Vermittlern alle gleich hohe Provisionen vereinbart, sodass die Vermittler tatsächlich neutral sind. Bedenken Sie aber: Die Vermittler verdienen, genauso wie die Banken selbst, an der Gesamtsumme des Darlehens. Sie haben also kein Interesse daran, Sie darauf hinzuweisen, dass Sie vielleicht gar nicht ganz so viel Kredit brauchen, wie Sie annehmen.

Außerdem kann es sinnvoll sein, Ihre Finanzierung so zu kalkulieren, dass Sie den Kredit getilgt haben, wenn Sie dann womöglich das Studium Ihrer Kinder finanzieren müssen.

Grundsätzlich laufen Baufinanzierungen meist über einen Zeitraum von zehn, zwanzig oder sogar dreißig Jahren. In dieser Zeit ist der Zinssatz festgeschrieben, Sie wissen also, welche monatlichen Belastungen auf Sie zukommen. Am Ende der Laufzeit schließen Sie für die verbliebene Restschuld eine sogenannte Anschlussfinanzierung ab, sprich: einen neuen Kredit zu dann neu zu verhandelnden Konditionen. Dabei können Sie auch die Bank wechseln. Bleiben die Zinsen länger extrem niedrig, sollten Sie jedenfalls darauf achten, ausreichend hoch zu tilgen – je niedriger die Zinsen, desto höher die Tilgung. Bei einer festen monatlichen Rate sinkt auf diese Weise der Anteil der Zinskosten deutlich. Andernfalls ist die Restschuld nach fünf oder zehn Jahren Zinsbindung noch viel zu hoch. Dann laufen Sie Gefahr, dass die Zinsen zwischenzeitlich stark gestiegen sind, just wenn Sie Ihr Darlehen umschulden müssen.

Alternativ dazu können Sie auch ein sogenanntes Volltilgerdarlehen abschließen, bei dem am Ende keine Restschuld mehr übrig ist – Sie kennen also Ihre monatliche Belastung bis zu dem Zeitpunkt, an dem Sie schuldenfrei sind, ganz genau. Das ist ein großer Vorteil, dem allerdings zwei Nachteile gegenüberstehen: Sie haben weniger Flexibilität, und die monatliche Belastung ist höher, weil die Schuldensumme schneller abbezahlt wird. Sie können aber nach zehn Jahren ein gesetzliches Kündigungsrecht nutzen und den Kredit ganz oder teilweise kündigen und tilgen. Hilfreich kann es sein, eine niedrigere Tilgungsrate zu vereinbaren, und dafür die Option auf eine höhere jährliche Sondertilgung. Dann haben Sie jedes Jahr einen gewissen Entscheidungsspielraum.

Grundsätzlich gilt, je mehr Eigenkapital Sie haben, desto besser – das bedeutet: Wenn Sie schon einiges gespart haben, bevor Sie einen Kredit aufnehmen, bekommen Sie bessere Konditionen und reduzieren Ihr persönliches Risiko.

Bausparverträge waren einst sehr beliebt, sind in Zeiten extrem niedriger Zinsen aber für die Immobilienfinanzierung nicht mehr sinnvoll. Ein Bausparvertrag kombiniert einen Sparplan und ein Immobiliendarlehen mit festgelegten Zinsen, sowohl für die Einlage als auch für das Darlehen: Erst spart man in einem vereinbarten Zeitraum ein gewisses Vermögen an, später hat man dann in der Regel Anspruch auf das Darlehen. Derzeit aber sind die Zinsen in der Sparphase so niedrig, dass sie von den Gebühren praktisch weggefressen werden. Das lohnt sich nur, wenn die Zinsen, zu denen man später den Kredit bekommt, niedriger sind als die dann herrschenden Marktzinsen. Ein Bausparvertrag ist daher eine Wette, um sich gegen steigende Zinsen abzusichern. Bleibt die Zinswende aus, hat man sich umsonst abgesichert. Wenn Sie davon ausgehen, dass die Zinsen langfristig niedrig bleiben – so wie viele Experten das annehmen –, benötigen Sie also keinen Bausparvertrag, um eine Immobilie zu den bestmöglichen Konditionen zu finanzieren.

Ganz wichtig: Falls Sie eine Immobilie nicht alleine, sondern zu zweit kaufen und nicht verheiratet sind, kann es verdammt kompliziert werden. Wenn beide Partner als Eigentümer geführt werden und sich bei einer Trennung nicht einigen können, wer auszieht, droht eine gerichtlich angeordnete Zwangsversteigerung. Noch fataler können die Folgen sein, wenn einer der Partner stirbt und es keine gemeinsamen Kinder gibt: Dann steht den gesetzlichen Erben, also etwa den Eltern oder Geschwistern, eine Hälfte des Hauses zu. Kann man sie nicht auszahlen, muss die Immobilie verkauft werden. Wenn Sie also zusammen kaufen, aber nicht heiraten möchten, müssen Sie diese Szenarien unbedingt beim Notar absichern lassen.

Immobilien als Geldanlage

Immobilien muss man nicht unbedingt kaufen, um darin zu wohnen. Man kann sie auch als reine Anlageobjekte betrachten. Menschen mit ausreichenden finanziellen Mitteln können also kaufen und vermieten – allerdings ist das entweder mit einer Menge Aufwand verbunden, weil man sich um Reparaturen, Heizkostenabrechnungen und allerlei andere komplizierte Dinge kümmern muss, oder mit den zusätzlichen Kosten für eine Hausverwaltung, die das übernimmt. Dazu kommt immer das Risiko, einen Mieter zu erwischen, der nicht zahlt oder die Wohnung verwüstet. Die Miete fällt dann also aus, was ein Problem sein kann, wenn man selbst noch den Kredit für die Wohnung abbezahlen muss. So kann aus einem Anlageobjekt schnell eine Schuldenfalle werden – zumal es viele Monate dauern kann, einen unliebsamen Mieter aus der Wohnung zu bekommen. Dazu kommt ein politisches Risiko: In vielen Großstädten wird gerade darüber nachgedacht, wie man die Mieten begrenzen könnte. Aus Sicht einer Vermieterin mindert das natürlich die Renditechancen.

Man muss aber nicht unbedingt eine ganze Wohnung kaufen, um sein Geld in Beton anzulegen: Eine Möglichkeit, sich an Immobilienprojekten zu beteiligen, sind zum Beispiel offene Immobilienfonds. Das sind Fonds, die Geld bei Privatanlegern einsammeln, um damit etwa Bürogebäude zu kaufen. In der Finanzkrise sind diese Fonds in Verruf geraten, durch neue Regularien sind sie heute aber deutlich stabiler. Wenn Sie so eine Anlage erwägen, informieren Sie sich auf jeden Fall genau über die Lage des Objekts, künftige Mieter und Leerstand im Stadtviertel.

Das ist also, was Sie über Immobilien auf jeden Fall wissen sollten. Heute Abend könnten Sie *Hinterholz 8* ansehen, einen österreichischen Film aus dem Jahr 1998. Egal, ob Sie kaufen oder nicht – es wird für Sie auf jeden Fall besser laufen als für die Eigenheimbesitzer in diesem Film.

SCHÖNER WOHNEN

OB GEKAUFT ODER GEMIETET –
WIE SIE MIT WENIG GELD IHRER
WOHNUNG EIN UPGRADE VERPASSEN

(€) **Ausmalen.** Nichts verändert einen Raum schneller und billiger als ein bisschen Farbe. Treffen Sie ruhig eine mutige Wahl, das Leben ist zu kurz für Beige.

(€) **Accessoires.** Wechseln Sie Vorhänge öfter mal aus oder ersetzen Sie sie durch Rollos – das ergibt einen völlig anderen Look. Tauschen Sie die Bezüge der Couchkissen, und es ist beinahe, als hätten Sie ein neues Sofa.

(€) **Knöpfe und Griffe.** Günstige Möbel kann man schnell aufwerten, wenn man die Griffe austauscht oder andere Möbelfüße anbringt. Sehr schöne Modelle findet man günstig im Internet oder auch im Baumarkt.

(€) **Arrangieren Sie symmetrisch.** Das gibt einem Raum Struktur und klassische Eleganz. Und wir lieben Eleganz, nicht wahr?

(€) **Verändern Sie das Licht.** Räume profitieren enorm, wenn es verschiedene Lichtquellen gibt statt nur eine zentrale Deckenbeleuchtung. Die Helligkeit im Raum können Sie damit je nach Anlass und Bedarf leicht variieren.

(€) **Räumen Sie auf.** Nichts ist eleganter als freie Oberflächen. Und nichts verspricht mehr Möglichkeiten als ein Regal, das noch Platz für die Lieblingsstücke der Zukunft hat.

(€) **Rahmen Sie.** Spätestens wenn Sie zu Ende studiert haben, sind Sie zu alt für Poster, die mit Klebeband an der Wand fixiert sind. Gönnen Sie sich einen Bilderrahmen, und Ihre Wohnung wird sofort drei Stufen eleganter aussehen. Das funktioniert übrigens auch mit Kinderzeichnungen: Hängen Sie sie in Wechselrahmen an die Wand statt mit einem hässlichen Magneten an den Kühlschrank – dann sehen sie aus wie die Kunstwerke, die sie ja eigentlich auch sind.

Vorsorgen

Versicherungen

Wenn es um Versicherungen geht, teilt sich die Menschheit in zwei Gruppen. Da gibt es diejenigen, die sich Policen für jede nur denkbare Eventualität des Lebens zulegen wollen – man weiß ja nie, was kommt, nicht wahr? Und dann gibt es die anderen, die achselzuckend sagen, gegen das Leben könne man sich ja ohnehin nicht versichern, und weitgehend policenfrei durch die Welt ziehen. Ein Mittelweg ist vielleicht eine ganz gute Strategie.

Denn, das muss man klar sagen: Es gibt Schäden, die Sie schlichtweg ruinieren können, wenn Sie keine Versicherung haben – und dabei sind diese Versicherungen oft sogar besonders günstig zu haben. Ein Überblick.

Haftpflicht

Eine Haftpflichtversicherung ist absolut unverzichtbar. Wenn Sie nur eine einzige Versicherung abschließen, nehmen Sie diese. Ein Beispiel: Stellen Sie sich vor, Sie fahren mit dem Fahrrad eine Fußgängerin um. (Das kann schon mal passieren, schließlich sind Sie sehr dynamisch.) Die Fußgängerin bricht sich das Handgelenk. Dann müssen Sie vermutlich die Arztkosten übernehmen, ihr ein Schmerzensgeld bezahlen und, falls sie mit dem gebrochenen Handgelenk nicht arbeiten kann, den Verdienstausfall übernehmen. Allein das bedeutet schon viele, viele Tausend Euro. Noch schlimmer wird es, wenn die Fußgängerin zum Beispiel Violinistin ist, das Handgelenk einen dauerhaften

Schaden behält und sie folglich ihrem Beruf nicht mehr nachgehen kann. Dann müssten Sie ihr vielleicht sogar eine lebenslange Rente bezahlen. Das ist ein finanzielles Desaster.

Eine Haftpflichtversicherung übernimmt das im Unglücksfall für Sie – und die ist bei einer Deckungssumme von 50 Millionen Euro schon für ungefähr 50 oder 60 Euro im Jahr zu haben. Wer bereits eine solche Versicherung hat, sollte alle paar Jahre prüfen, ob die Versicherungssumme und eingeschlossenen Leistungen noch passen. Manchmal entstehen neue Risiken, die in einem alten Vertrag nicht abgedeckt sind: zum Beispiel Schäden, die durch die Benutzung von Drohnen entstehen. Oder Sie bekommen in der Zwischenzeit einen Schlüssel oder eine Zugangskarte, deren Verlust extrem teuer wäre, weil die ganze Schließanlage ausgetauscht werden müsste. Dann ist es sinnvoll, einen Tarif zu wählen, der das ebenfalls abdeckt.

Krankenversicherung

Wenn Sie in Österreich leben, haben Sie es, wie so oft in Bürokratiefragen, leichter als in Deutschland. Hier ist jeder automatisch krankenversichert, und zwar abhängig von Wohnort oder Berufsgruppe. Sie können aber Zusatzversicherungen für höhere Zuschüsse zum Beispiel beim Zahnarzt oder für ein besseres Zimmer im Fall eines Krankenhausaufenthalts abschließen.

In Deutschland dagegen ist die Frage der Krankenversicherung das komplizierteste Thema überhaupt: Sie müssen sich zwischen der gesetzlichen und der privaten Versicherung entscheiden, und das hat langfristige Konsequenzen. Um überhaupt für eine private Krankenversicherung berechtigt zu sein, müssen Sie als Angestellte ein Mindesteinkommen erreichen, zuletzt lag das bei mehr als 64.350 Euro brutto im Jahr. Außerdem dürfen sich Beamte, Selbstständige oder Studenten privat versichern.

Die private Krankenversicherung lockt auf den ersten Blick mit Vorteilen, schneller Termin beim Facharzt etwa– und anfangs sind die Beiträge oft günstiger. Allerdings steigen die Prämien mit der Zeit, weil sie sich nicht nach dem Gehalt, sondern nach Alter oder Gesundheit richten. Die Beiträge können also eine unerwartet hohe finanzielle Belastung werden. Ein Nachteil: Ist man einmal privat versichert, kann man nicht mehr in die gesetzliche Krankenversicherung wechseln. Außerdem: Kinder und Ehepartner ohne Einkommen sind in der gesetzlichen Krankenversicherung beitragsfrei mitversichert. Bei den Privaten kostet das extra.

Obwohl in Deutschland eine Krankenversicherung zwingend vorgeschrieben ist, leben viele Menschen ohne Versicherungsschutz – darunter auch viele Selbstständige und Freiberufler. Falls das auf Sie zutrifft, wenden Sie sich dringend an die gesetzliche Krankenkasse, bei der Sie zuletzt versichert waren, und schildern Sie dem Betreuer offen Ihre Lage. Sie werden wieder aufgenommen. Es besteht sogar die Chance, dass man Ihnen die Beitragsschulden und Säumniszuschläge erlässt oder wenigstens stark reduziert. Waren Sie zuletzt privat versichert, können Sie sich an verschiedene Anbieter wenden und vergleichen, wer Ihnen in Sachen Beitragsschulden am meisten entgegenkommt. In jedem Fall gilt: Sie sind nicht die Erste, die in diese Lage geraten ist, es muss Ihnen nicht peinlich sein – aber lösen Sie das Problem, und zwar jetzt gleich.

Reisen

Wenn Sie ins Ausland reisen, brauchen Sie eine Auslandsreise-krankenversicherung. Die kostet bloß ein paar Euro, ist aber wichtig.

Wohnen

Wenn Sie ein Haus besitzen, brauchen Sie unbedingt eine Wohn-gebäudeversicherung. Das gilt nicht, wenn Sie eine einzelne Eigen-tumswohnung in einem Mehrfamilienhaus haben, dann zahlt die Wohngebäudeversicherung die Eigentümergemeinschaft.

Auch eine Hausratversicherung (in Österreich: Haushaltsver-sicherung) ist sinnvoll, sie federt im Fall von Einbruch, Dieb-stahl, Feuer oder Wasserschaden die finanziellen Folgen ab.

Berufsunfähigkeit

Ob man eine Berufsunfähigkeitsversicherung haben sollte oder nicht, ist auch unter Experten ein ewiges Streitthema. Dafür spricht, dass sie Schutz bietet, wenn Sie wegen eines Bandschei-benvorfalls, Unfalls oder psychischer Erkrankung nicht mehr arbeiten können. Das kann von besonderer Bedeutung sein, wenn Sie eine Familie ernähren müssen.

Die Problematik dabei ist: Oft stecken die Verträge voller Aus-schlussklauseln. Es kann also sein, dass die Versicherung gerade dann nicht bezahlt, wenn man sie bräuchte. Dazu kommen die

Kosten: Wenn Sie sehr früh eine solche Versicherung abschließen und kerngesund sind, müssten Sie Beiträge von etwa 70 Euro einkalkulieren, um im Bedarfsfall bis zum 67. Lebensjahr eine monatliche Berufsunfähigkeitsrente von ungefähr 2.000 Euro zu bekommen. Wenn Sie später anfangen, sind die Beiträge höher. Wer bereits eine schwerere Erkrankung hatte oder eine Psychotherapie gemacht hat, wird gar nicht oder nur zu sehr schlechten Konditionen versichert.

Man sollte also zumindest erwägen, ob es nicht sinnvoller ist, den Betrag in den Vermögensaufbau zu stecken.

Wenn man wegen Krankheit nicht mehr arbeiten kann, zahlt die gesetzliche Rentenkasse eine sehr niedrige Erwerbsminderungsrente, zuletzt durchschnittlich etwa 750 Euro monatlich.

Risikolebensversicherung

So eine Versicherung sichert Ihre Familie im Fall Ihres Todes ab. Wenn Sie also Verantwortung für andere haben, ist das unbedingt zu empfehlen. Die Kosten sind abhängig vom Alter und der gewünschten Versicherungssumme, aber insgesamt sehr überschaubar.

Was Sie alles nicht brauchen

Die Liste der unnötigen Versicherungen ist lang, schließlich denkt sich die Versicherungsbranche liebend gerne immer wieder neue Produkte aus. Versicherung für das Handy, Fahrrad,

Reisegepäck, Wintersportausrüstung, auch eine Glasbruchversicherung sind im Angebot.

Solche Policen sind fast immer rausgeschmissenes Geld. Denn zum einen zahlen die Versicherer oft nicht, weil eine Menge Ausnahmen im Vertrag versteckt sind. Und außerdem gilt: Wenn Sie die Kosten im Schadensfall auch selber tragen könnten, brauchen Sie so eine Versicherung nicht. Ebenfalls meistens unnütz: Reiserücktrittsversicherungen.

Die sollten Sie überhaupt nur in Erwägung ziehen, wenn die Reise sehr teuer und Sie öfter krank oder schon im fortgeschrittenen Alter sind. Die Policen decken ausschließlich einen Rücktritt wegen Krankheit ab; wenn Sie aus anderen Gründen nicht verreisen können oder wollen, zahlt die Versicherung nicht.

Auch eine Insassenunfallversicherung ist unnötig, schließlich haben Sie eine Kfz-Haftpflichtversicherung, die einspringt, wenn Sie für die Schäden verletzter Mitfahrer aufkommen müssen. Auch eine Ausbildungsversicherung ist Unsinn, weil viel zu teuer. Wenn Sie Kinder absichern wollen, sind Sie mit der Risikolebensversicherung besser dran. Wer Geld für die Ausbildung der Kinder zurücklegen will, tut das am besten mit Vermögensaufbau, nicht mit überteuerten Versicherungen.

Eine Restschuldversicherung für Ihren Kredit brauchen Sie auch nicht (lesen Sie mehr darüber im Kapitel über Schulden ab Seite 49), ebenso wenig wie eine Sterbegeldversicherung. Wer für die eigene Beerdigung vorsorgen will, kann das Geld dafür einfach selbst zurücklegen.

Auch eine eigene Unfallversicherung können Sie sich bei durchschnittlicher Lebensführung sparen, da sind Sie durch die Berufsgenossenschaft und die Krankenkasse ausreichend abgesichert.

Auch Kapitallebensversicherungen, fondsgebundene Rentenversicherungen oder Lebensversicherungen lohnen sich heutzutage kaum noch, schon gar nicht als Element der Altersvorsorge. Das liegt an den langen Laufzeiten und den wahrscheinlich noch für lange Zeit niedrigen Zinsen. Wer noch einen älteren Vertrag für eine Lebensversicherung hat, sollte trotzdem nicht voreilig kündigen. Denn alte Verträge haben oft noch eine Garantieverzinsung von bis zu vier Prozent.

Am einfachsten ist die Suche nach dem richtigen Anbieter und dem besten Tarif über Vergleichsportale wie *Verivox* oder *Check24*, in Österreich zum Beispiel bei *Durchblicker*. Prüfen Sie außerdem Ihre Verträge, wenn Sie mit Ihrem Partner zusammenziehen, oft reicht dann eine Police für beide, auch wenn Sie nicht verheiratet sind. Detaillierte Auskunft über die Sinnhaftigkeit bestimmter Versicherungen bekommen Sie auch über den individuellen Bedarfscheck auf der Internetseite des *Bundes der Versicherten*.

Altersvorsorge

Den Gedanken ans Alter finden ja viele Menschen erschreckend. Dabei bietet es ja auch so viele Vorteile! Wenn Sie Ihren achtzigsten Geburtstag erst mal hinter sich gebracht haben, können Sie es jeden Tag krachen lassen. Schließlich werden auch Ihre härtesten Kritiker einräumen müssen, dass es nun keinen Sinn mehr ergibt, abwartend und vorsichtig durchs Leben zu gehen.

Stattdessen werden Sie jeden Tag funkeln wie ein Christbaum, weil Sie all Ihren Schmuck gleichzeitig tragen und dabei Ihre Umgebung mit makabrem Humor herausfordern. Bekommen Sie nicht die letzte Praline, werden Sie anklagend sagen: »Wer weiß, ob ich morgen noch die Gelegenheit habe!« Zumindest dieser Aspekt des Altwerdens ist unbestreitbar super.

Nicht ganz so vergnüglich ist das System der Altersvorsorge. (Schon wer anfängt, sich damit zu beschäftigen, hat das Gefühl, sprunghaft um zehn bis zwanzig Jahre zu altern.) Hier kommt, was Sie wissen müssen.

In Deutschland und in Österreich ruht die Alterssicherung auf mehreren Säulen: Es gibt eine gesetzliche Altersversorgung, staatlich geförderte Renten sowie die private Vorsorge. Die gesetzliche Rente vom Staat basiert auf einem sogenannten Umlagesystem. Das heißt: Wer arbeitet, zahlt einen Teil seines Einkommens in das System ein, um damit die jetzigen Rentner zu versorgen. Im Alter bekommt man dann ebenfalls eine Rente, die wiederum von den Jüngeren bezahlt wird – das ist jedenfalls das Versprechen, das bislang weitgehend eingehalten wurde.

Zudem kann (und sollte) man auch privat vorsorgen, indem man zum Beispiel Geld in Aktienfonds anlegt. Oder man schließt eine staatlich geförderte Absicherung ab, zum Beispiel eine Riester-Rente oder eine Betriebsrente. Für Beamtinnen und Beamte ist die Lage besser, sie erwartet im Alter eine deutlich üppigere Absicherung.

Für alle anderen gilt: Wer nur von der gesetzlichen Rente leben will, muss sich im Alter wohl ziemlich einschränken – zumal völlig offen ist, wie hoch die gesetzliche Rente in dreißig Jahren wirklich noch ausfällt. Entwickelt sich die Bevölkerung weiter wie in den letzten Jahren, gibt es immer weniger junge Leute, die für die Renten der Älteren aufkommen.

Eine Rechnung, um die Lage zu verdeutlichen: Aktuell bekommt der sogenannte Eckrentner in Deutschland noch 48 Prozent vom letzten Nettolohn. Dieser Eckrentner ist so eine Art Standardrentner, der 45 Jahre lang gearbeitet hat und in jedem Jahr so viel verdient hat wie der bundesdeutsche Durchschnitt (2018 waren das 37.873 Euro brutto) und damit pro Jahr einen Entgeltpunkt für die Rente eingesammelt hat.

Ausgezahlt bekommt er damit eine Rente von knapp 1.400 Euro brutto, wovon nach Abzug von Steuern und Krankenkasse bestenfalls noch rund 1.100 Euro verbleiben. Wer mehr verdient, bekommt mehr Punkte.

Bei einem Bruttogehalt von 45.000 Euro waren dies entsprechend 1,19 Entgeltpunkte pro Jahr. Durchschnittlich erhalten Rentner und Rentnerinnen in Deutschland aber noch deutlich weniger Rente, denn der durchschnittliche Renter ist nicht gleich dem Eckrentner. Netto waren es zuletzt rund 860 Euro.

In Österreich sind Pensionisten deutlich bessergestellt. Zwar muss man in Österreich mindestens 15 Jahre in die gesetzliche Rentenkasse einzahlen, um Leistungen zu erhalten (in Deutschland sind es nur fünf Jahre), und die Beiträge sind rund vier Prozent höher (22,8 Prozent des Bruttogehalts). Aber man bekommt am Ende einfach mehr heraus: netto durchschnittlich 1.380 Euro. Ob das in dreißig Jahren noch so ist, steht natürlich in den Sternen, schließlich kann die Politik das System jederzeit ändern.

Frauen kommen traditionell besonders schlecht weg, weil es in ihren Erwerbsbiografien oft Unterbrechungen und Phasen von Teilzeit gibt, in denen sie sich stark um die Kinder gekümmert haben. Auch in späteren Lebensphasen reduzieren Frauen oft ihre Arbeitszeit, etwa um Angehörige zu pflegen.

Immerhin: Pro Kind können sich junge Eltern für die Rente Erziehungszeit anrechnen lassen – in Deutschland sind es drei Jahre, in Österreich vier Jahre. Danach aber müssen sie wieder erwerbstätig sein, sonst gibt es keine weiteren Rentenpunkte.

In Kombination mit dem Umstand, dass Frauen ohnehin schon weniger verdienen, kann das im Alter fatale Folgen haben: In Deutschland erhielten Frauen im Durchschnitt eine gesetzliche Rente von 670 Euro, die Männer kassierten 1.060 Euro. In Österreich ist das Verhältnis ähnlich ungünstig.

Werfen Sie also ruhig mal einen Blick in die Zukunft. Wenn Sie in Deutschland wohnen, bekommen Sie jährlich von der Deutschen Rentenversicherung eine Renteninformation zugeschickt. Dort ist zu lesen, wie viel Rente Ihnen jetzt zustünde, wenn Sie aus gesundheitlichen Gründen nicht mehr arbeiten könnten. Außerdem, wie viel Rente Sie bekämen, wenn Sie ab sofort in den Ruhestand gingen. Und dann natürlich, wie viel Sie bekommen werden, wenn Sie weiterhin die gleichen Beiträge bezahlen wie in den vergangenen fünf Jahren. Außerdem sehen Sie, wie viel Sie und Ihr Arbeitgeber bereits eingezahlt haben und wie viele Entgeltpunkte Sie bereits angesammelt haben.

Die gesetzliche Renteninformation ist trotzdem mit Vorsicht zu genießen – die genannten Summen sind allesamt Bruttowerte. Davon werden im Alter noch Beiträge für Kranken- und Pflegeversicherung abgezogen. Zudem wird die Rente künftig stärker besteuert, und zwar vollständig für sogenannte Neurentner ab dem Jahr 2040. Wer eine hohe Rente bekommt, muss mit einigen Hundert Euro Abzug rechnen. Die Rechnung berücksichtigt außerdem nicht die Inflation, also den Wertverlust des Geldes. Es empfiehlt sich also, nicht mit dem vollen Betrag zu kalkulieren.

In Österreich kann man sein individuelles Pensionskonto online abrufen. Zugang erhält man über die Plattform *Finanzonline* des Finanzministeriums, aber auch über eine Handy-Signatur. Über einen Kontorechner kann man dort auch die künftige Pension simulieren – zum Beispiel für den Fall einer kräftigen Gehaltserhöhung.

Als Faustregel gilt: Wer den gewohnten Lebensstandard im Alter halten will, braucht etwa achtzig Prozent des letzten Nettogehalts. Schließlich sind die Ausgaben im Alter niedriger, etwa weil der Kredit fürs Haus abbezahlt ist, direkt berufsbezogene Ausgaben und Fahrtkosten entfallen oder die Kinder (hoffentlich) ihr eigenes Geld verdienen. Stattdessen gibt man wahrscheinlich mehr aus, um gesund zu bleiben, und steckt hin und wieder den Enkeln etwas zu, wenn man welche hat.

Gerade bei jungen Leuten lässt sich diese Rentenlücke, also der Unterschied zwischen dem Arbeits- und dem Alterseinkommen, ohnehin kaum abschätzen. Die im Internet zugänglichen Rentenlückenrechner sind jedenfalls mit Vorsicht zu betrachten. Sie unterstellen oft kräftige Gehaltssteigerungen bis zum Renteneintritt, weswegen oft enorm hohe Beträge herauskommen (vor allem bei Rechnern auf den Internetseiten von Finanzdienstleistern, die ihre Versicherungsprodukte oder Fonds verkaufen wollen).

Wenn Sie angestellt sind, können Sie ab einem Alter von fünfzig Jahren übrigens auch freiwillig Beiträge in die gesetzliche Rentenkasse zahlen. Das kann sich lohnen: Denn während man für einen privaten Rentenversicherungsvertrag nur noch eine Garantieverzinsung von 0,9 Prozent bekommt, sind es in der ge-

setzlichen Rentenkasse derzeit immerhin drei Prozent. Eine solche Einzahlung hat vor allem auch dann einen Sinn, wenn Sie
früher in Rente gehen wollen und Abschläge ausgleichen wollen.
Aber auch wer selbstständig und daher nicht verpflichtet ist, in
die gesetzliche Rentenkasse einzuzahlen, darf das freiwillig tun,
auch schon vor dem fünfzigsten Geburtstag. Als Selbstständige
kann man jederzeit zwischen 83,70 Euro und 1.209 Euro im Monat an die Rentenkasse überweisen und so einen höheren Rentenanspruch ansparen. Wer es genauer wissen will, kann sich von der
gesetzlichen Rentenversicherung kostenlos beraten lassen. Auch
in Österreich ist das möglich und sinnvoll.

Die Sache mit der Riester-Rente

Während es in Österreich zumindest machbar erscheint, von der
gesetzlichen Pension zu leben, ist in Deutschland klar, dass die
Rente nicht reichen wird. Doch obwohl alle wissen, dass sie privat vorsorgen müssten, ist der Enthusiasmus, nun ja, recht begrenzt.

Das betrifft auch die Riester-Rente, die eigentlich eine einfache Form der privaten Vorsorge darstellen soll – sogar für nicht
berufstätige Frauen oder Männer, die dann über ihre Ehepartner
mitriestern können. Das Prinzip: Man zahlt jeden Monat in
einen Vertrag ein und bekommt vom Staat auch noch etwas
obendrauf. Und zwar 175 Euro pro Jahr allein für die Sparerin
selbst und bis zu 300 Euro pro Kind (für Kinder, die vor 2008 geboren sind, nur 185 Euro). Voraussetzung für die maximale Förderung ist, dass man mindestens vier Prozent des Vorjahres-

Bruttoeinkommens investiert. Inklusive der Kinderzulage sind aber maximal 2.100 Euro im Jahr nötig. Wer weniger einzahlt, bekommt weniger Förderung. Außerdem winken noch Steuervorteile. Wer also viele Kinder und wenig Einkommen hat, profitiert von der direkten Förderung. Wer viel verdient und wenige oder keine Kinder hat, profitiert durch den Steuervorteil. Beiträge bis zu 2.100 Euro kann man steuerlich absetzen.

Selbst wenn man sich täglich mit Finanz- und Geldthemen beschäftigt, hat man spätestens ab jetzt Schwierigkeiten, das System zu durchschauen, denn bei der Riester-Rente gibt es gleich vier Formen zu sparen: einen Banksparplan, die Rentenversicherung, Wohn-Riester und einen Fondssparplan, der auf Aktien oder Anleihen beruht. Dann gibt es von jeder dieser vier Formen auch noch diverse Anbieter und unterschiedliche Varianten – mit eingängigen Namen wie »Dynamik« und »Balance« – und nein, das ist noch nicht genug: Manche Varianten kann man auch noch dynamisieren lassen oder eben nicht.

Wenn Sie an dieser Stelle einen Schnaps brauchen, nur zu. Gut, noch einen zweiten. (Aber aufgegeben wird hier nicht, wir haben es schon fast geschafft!)

Folgendes hilft bei der Entscheidung: Wer seine spätere Rente aufbessern will, nimmt am besten einen Riester-Aktienfonds. Den Banksparplan oder die Rentenversicherung kann man schon mal aussortieren, denn sie werfen zu wenig ab. Wer ein Haus bauen oder eine Wohnung kaufen möchte, für den kommt auch noch Wohn-Riester in Betracht: Dabei bezuschusst der Staat die monatliche Kreditrückzahlung wie ein Riester-Produkt – vorausgesetzt, man wohnt selbst in der Immobilie. Bis zu 2.100 Euro der Tilgung kann man außerdem von der Steuer absetzen.

Im Alter, also zum Renteneintritt, bekommt man sein Erspartes dann mit Zinseszins als lebenslange Rente ausgezahlt. Richtig reich werden kann man mit Riester natürlich nicht. Aber im Ruhestand erhält man aus dem Vertrag immerhin eine lebenslange Rente. Wenn Sie also sehr, sehr alt werden, was ja durchaus ein lohnendes Ziel sein kann, können Sie sich auf jeden Fall schon mal darüber freuen, dass Sie Ihre Altersvorsorge optimal ausnützen.

Die eingezahlten Beiträge sind bei allen Riester-Produkten übrigens vor Verlusten geschützt. Die spätere Rente muss man dann zwar versteuern, allerdings zu dem dann wahrscheinlich niedrigeren Steuersatz. Verbessert haben sich auch die Aussichten für Geringverdiener. Wer wenig verdient und nur niedrige Rentenansprüche erworben hat, musste seine Riester-Rente lange Zeit mit der Grundsicherung verrechnen, riskierte also, umsonst gespart zu haben. Seit 2018 ist das anders: Riester-Sparer und auch Betriebsrentner dürfen bis zu 200 Euro dieser privaten Rente auf jeden Fall behalten.

Lohnt sich Riester auch, wenn man noch keine Kinder hat und wenig verdient? Na ja. 154 Euro Zuschuss bekommt man immerhin trotzdem, außerdem gibt es einen Einmalbonus von 200 Euro für alle, die jünger sind als 25 Jahre und anfangen zu riestern. Das ist nett, wird aber nicht entscheidend weiterhelfen.

Immerhin ist das System flexibel: Wer in jungen Jahren einen Vertrag für einen Riester-Aktienfonds abschließt, sich später aber entschließt, eine Immobilie zu kaufen, der kann den Vertrag dann immer noch in Wohn-Riester umwandeln. Riester-Aktienfonds bieten in Deutschland fast alle Fondsgesellschaften an, darunter die DWS (Deutsche Bank), die Deka (Sparkassen) und Union Investment (Volks- und Raiffeisenbanken). Abschließen kann man den Riester-Vertrag beim Berater der Hausbank, der aber – wie könnte es auch anders sein – auch indirekte Gebühren für die Vermittlung kassiert. Günstiger, aber ohne Beratung, geht es über einen Online-Fondsvermittler wie *AVL* oder *Fondsdiscount*. Inzwischen gibt es auch schon Riester-Fonds mit günstigen ETFs. Wohn-Riester-Darlehen bekommt man zum Beispiel bei allen Baufinanzierungsvermittlern, zum Beispiel bei Interhyp, Planethyp oder Dr. Klein.

Wenn man die Sparraten einmal nicht bezahlen will oder kann: Der Beitrag kann jederzeit gesenkt oder ausgesetzt werden, egal warum. Auch in Phasen der Arbeitslosigkeit kann man riestern: Das ist sogar, so blöd die Umstände sind, finanziell attraktiv, denn man muss nur den Sockelbeitrag von 60 Euro im Jahr zahlen, bekommt aber die volle Förderung von 175 Euro plus 300 Euro pro Kind. Der Staat gibt also für Minibeiträge ordentlich etwas dazu. Man kann in der Arbeitslosigkeit das bereits gesparte Geld zudem jederzeit förderunschädlich abheben. Das heißt, ohne dass man die Zulagen zurückzahlen muss. Ansonsten kommt man auch ohne Angabe von Gründen jederzeit an das Geld ran, muss dann aber die Förderung zurückzahlen, die man kassiert hat. Bei Rentenbeginn ist die Entnahme von einem Drittel des gesparten Geldes ohne Angabe von Gründen möglich.

Wenn Sie in Österreich wohnen und sich nun die volle Dröhnnung in Sachen deutscher Riester-Rente gegeben haben: Respekt. Sie sind entweder auf dem Weg, ein Hardcore-Finanzjunkie zu werden, oder Sie haben einen wirklich speziellen Sinn für Humor.

Aber auch in Österreich gibt es ein vergleichbares System, bekannt als prämienbegünstigte Zukunftsvorsorge oder Grasser-

Pension. Wegen der hohen Kosten ist die allerdings ein ziemlicher Rohrkrepierer, befindet der Verein für Konsumenteninformation (VKI) – und das Image des Namensgebers hat in den vergangenen Jahren auch heftig gelitten. Beim VKI kann man sich beraten lassen, ob sich eine Kündigung lohnt oder ob man den Vertrag besser fortführt.

Betriebliche Altersvorsorge

Die betriebliche Altersvorsorge oder die Betriebspension ist eine weitere Möglichkeit, um in Deutschland oder Österreich mit staatlicher Unterstützung für den Ruhestand Geld zurückzulegen. Man kann zum Beispiel in Deutschland bis zu 6.432 Euro jährlich oder 536 Euro monatlich vom Bruttogehalt nehmen und ansparen, ohne dafür Steuern und Sozialabgaben zu bezahlen. Auch in Österreich gibt es während der Sparphase Steuerbegünstigungen. Der ganze Vorgang trägt den sperrigen Namen Entgeltumwandlung. Der Vorteil: An der Vorsorge über den Betrieb müssen sich in Deutschland seit 2019 auch die Arbeitgeber beteiligen. Ab Januar 2019 gilt ein gesetzlicher Pflichtzuschuss von 15 Prozent des umgewandelten Entgelts für alle Arbeitgeber. Das heißt, die Firma muss 15 Prozent vom Bruttobeitrag übernehmen. Das Geld fließt in der Regel in Lebensversicherungen.

Jetzt die Crux: Leider lohnen sich solche Verträge oft nicht. Ähnlich wie bei der Riester-Rente gibt es in der Sparphase zwar Steuervergünstigungen für die Betriebsrente, aber im Alter muss man die Auszahlungen dann doch versteuern und darauf auch noch Sozialversicherungsbeiträge bezahlen.

Außerdem werden die Erträge oft zum erheblichen Teil durch Kosten und Provisionen aufgefressen. Zudem hat man wenig Einfluss: Der Arbeitgeber wählt den Anbieter des Vertrags, und das kann eben auch eine Versicherung mit hohen Kosten und schlechten Renditen sein. Schwierig wird es auch, wenn Sie häufiger den Arbeitgeber wechseln. Es kann durchaus passieren, dass sich der neue Chef querstellt und den Vertrag nicht übernehmen will, auch wenn man Anspruch darauf hätte. Hinzu kommt, dass man zwar während der Ansparphase weniger Sozialversicherung zahlt, dafür bekommt man im Alter aber auch weniger gesetzliche Rente. Das ist natürlich nicht besonders attraktiv. Und: Man kann zwar aufhören, die Beiträge einzuzahlen, aber kündigen kann man die Verträge nicht. Um Anspruch auf die spätere Rente zu haben, müssen Sie zudem mindestens drei Jahre im Betrieb sein und beim Wechsel des Arbeitgebers älter als 23 Jahre alt sein.

Ein Vertrag lohnt sich laut Verbraucherschützern also oft erst, wenn der Arbeitgeber mindestens 40 bis 50 Prozent vom Bruttobeitrag übernimmt. Wenn Sie davon ausgehen, länger in einem Betrieb oder Unternehmen zu bleiben: Fragen Sie Ihren Arbeitgeber, ob er nicht auch noch mehr übernimmt bei Ihrer Betriebsrente. Das kann auch eine Option sein, falls Sie in Gehaltsverhandlungen stecken und nicht weiterkommen.

In jedem Fall sollten Sie so einen Vertrag nicht ungeprüft unterschreiben, sondern sich zum Beispiel bei Verbraucherschützern rückversichern, ob sich die Sache für Sie lohnt.

Vermögenswirksame Leistungen

Schröpfen Sie Arbeitgeber und Staat: In Deutschland (leider nicht in Österreich) haben laut Tarifvertrag oder Betriebsvereinbarung rund 20 Millionen Beschäftigte Anspruch auf Vermögenswirksame Leistungen (VL). Wenn Sie dazugehören, erhalten Sie, je nachdem, wie viel Sie verdienen, eine monatliche Zahlung vom Arbeitgeber und vom Staat, unter der Voraussetzung, dass Sie das Geld in einen Fondssparplan oder einen Bausparvertrag investieren. Je nach Branche können Angestellte bis zu 40 Euro vom Arbeitgeber erhalten, was ein echter Gehaltsbonus ist. Haben Sie zusammen mit Ihrem Ehepartner ein zu versteuerndes Einkommen von weniger als 40.000 Euro (oder alleine maximal 20.000 Euro), gibt es vom Staat noch eine Zulage von 160 Euro im Jahr. Achtung: Ihr zu versteuerndes Einkommen ist unter Umständen – zum Beispiel, wenn Sie Kinder haben – deutlich niedriger als Ihr Bruttoeinkommen. Wie hoch es genau ist, steht in Ihrem Steuerbescheid.

Diese Arbeitnehmersparzulage muss man jedes Jahr mit der Steuererklärung neu beantragen. Wer gefördert wird, für den kann es sich daher lohnen, einen Sparplan auch dann eigenständig abzuschließen, wenn der Arbeitgeber keine vermögenswirksamen Leistungen bezahlt. Denn immerhin kann man auf diese Weise 160 Euro im Jahr vom Staat mitnehmen. Damit der Staat die vermögenswirksamen Leistungen anerkennt, muss der Arbeitgeber aber das Geld überweisen oder direkt vom Gehalt einbehalten und einzahlen.

Den Vertrag – zum Beispiel für einen sogenannten VL-Sparplan – muss man selber bei einer Bank oder einer Fondsgesellschaft oder am besten einer günstigen Fondsplattform wie *Fondsdiscount* oder *AVL* abschließen und die Daten an den Arbeitgeber weiterleiten, damit dieser das Geld dort direkt einzahlen kann. Es ist also eine gewisse bürokratische Herausforderung für alle Beteiligten. VL-Sparpläne/-verträge laufen zumeist sieben Jahre. Spart man auf diese Weise pro Monat 40 Euro, ergibt das 3.360 Euro. Investiert man das Geld in einen Aktienfonds, am besten einen ETF-Fonds, kommt zumindest bei steigenden Kursen noch mehr dabei heraus. Bereits nach sechs Jahren kann man einen neuen Vertrag beginnen, und das Spiel geht von vorne los.

Viele Berufstätige allerdings lassen ihren Anspruch darauf verfallen und verschenken so regelmäßig Geld – ohne es womöglich zu wissen. Und das summiert sich: Jährlich werden laut dem Bundesverband deutscher Banken bundesweit durchschnittlich 1,6 Milliarden Euro an vermögenswirksamen Leistungen nicht abgerufen.

Übrigens: Die meisten Frauen unterschätzen, wie lange sie leben werden. Das liegt daran, dass viele Menschen nachsehen, wie hoch ihre Lebenserwartung zum Zeitpunkt ihrer Geburt war – aber rein statistisch betrachtet steigt die Lebenserwartung immer weiter an, je länger Sie schon leben. (Weil Sie – okay, das ist makaber! – ja immer mehr Menschen überleben, die auch in die Statistik gefallen sind.) Für Sie sind das zwei gute Nachrichten: Sie werden hoffentlich noch sehr lange sehr viel Spaß haben. Und es zahlt sich wenigstens richtig aus, dass Sie sich nun um Ihre Altersvorsorge gekümmert haben!

Ausgeben

Bildung

Investieren Sie in sich selbst!

In die Erweiterung seines eigenen Wissens zu investieren, ist auf jeden Fall eine ganz herausragende Idee. Dabei ist es zunächst ganz egal, ob Sie eine neue Fremdsprache lernen möchten, eine berufliche Zusatzqualifikation anstreben oder ob Sie sich für, sagen wir, Hinterglasmalerei interessieren.

Denn jeder neue Impuls bringt Menschen voran und macht sie interessanter, wacher, glücklicher – und das gilt auch, wenn Sie nach ein paar Wochen draufkommen, dass ein Intensivseminar über mittelhochdeutsche Tierdichtung doch nicht das ist, wovon Sie immer schon geträumt haben. (Wie aufregend kann ein Hahn schon sein?)

Insofern ist alles, was Sie neu lernen, zum ersten Mal probieren oder auch einfach nur verbessern, immer ein Gewinn. Wenn Sie unsicher sind, ob Sie sich etwas Neues zumuten oder doch lieber Ihre Ruhe genießen möchten, überlegen Sie einfach, wer Sie in zwanzig, dreißig oder vierzig Jahren gerne sein möchten. Wäre es nicht ganz großartig, wenn Sie einen Haufen verrückter Geschichten zu erzählen hätten? Von Ihrem Italienischkurs in Apulien, vom Seidenkrawatten-Bemalen im Pfarrgemeindeheim, von Hunderten Stunden in einem miefigen Computerkurs, als Sie versucht haben, eine Programmiersprache zu lernen? Eben.

Tatsächlich ist es heute auch für Ihr berufliches Fortkommen unerlässlich, sich immer weiterzuentwickeln – und das wirkt sich dann auch auf Ihre Karriere und Ihre Finanzen aus.

Wenn Sie gerade schlechte Zeiten erleben, weil der Arbeitsmarkt in der Krise steckt, weil eine Pandemie Sie in die Kurzarbeit befördert hat oder weil Corona-Schutzmaßnahmen Ihren Laden dichtgemacht haben, dürfen Sie selbstverständlich hemmungslos in Selbstmitleid baden, das ist nur angemessen für eine solche Bredouille. Aber wenn Sie nach ein paar Tagen damit fertig sind, steigen Sie aus der Jogginghose, kämmen Sie sich die Chipskrümel aus dem Haar und fangen Sie an, die unverhoffte Freizeit als Gelegenheit zu betrachten. Überlegen Sie beides: Was könnte Sie beruflich weiterbringen – und was wollen Sie vielleicht immer schon mal lernen? Dann legen Sie los und ackern Sie wie eine Wahnsinnige, um Ihre Möglichkeiten auszuloten. Checken Sie Förderprogramme und rufen Sie im Jobcenter an, durchforsten Sie das Internet. Am Ende werden Sie auf jeden Fall einen großen Schritt weiter sein!

Gute Nachricht: Weiterbildung wird sowohl vom Staat als auch von vielen Unternehmen gefördert. In Deutschland zum Beispiel durch Bildungsurlaub, der in fast allen Bundesländern angeboten wird: Arbeitnehmer bekommen zusätzliche freie Tage, wenn sie sich in dieser Zeit weiterbilden – unabhängig davon, ob die neue Qualifikation für den aktuellen Job nützlich ist oder nicht. Zudem gibt es Förderzuschüsse je nach Bundesland.

Welche staatlichen Förderungen für Weiterbildungsmaßnahmen angeboten werden, kann man in Österreich durch eine sehr praktische Suche in der Förderdatenbank von *www.erwachsenenbildung.at* herausfinden.

Weiterbildung ohne Geld

Wer heute etwas Neues lernen möchte, muss dazu nicht mehr unbedingt einen Kurs in einer entsprechenden Einrichtung besuchen. Die Digitalisierung macht Weiterbildung so praktisch wie noch nie. Für nahezu jedes Interesse gibt es heute Tutorials, zum Beispiel bei *Youtube*, außerdem findet man ein breites Angebot auch an kostenlosen Apps zur Weiterbildung auf unterschiedlichen Gebieten.

Dazu kommen Audio-Books, mit denen Sie etwas Neues lernen können, während Sie nebenbei andere Aufgaben erledigen. Die sind meist nicht gratis, allerdings offerieren die meisten Anbieter einen kostenlosen Testzeitraum. Neben Streamingdiensten, die klassische Hörbücher anbieten, lohnt sich auch ein Blick auf Anbieter wie *Blinkist* oder *GetAbstract*.

Die fassen Sachbücher zu den unterschiedlichsten Themen zusammen und präsentieren die wesentlichen Inhalte in etwa 15 Minuten zum Anhören.

Und wenn man gerade nicht so streng sparen muss, gibt es digitale Angebote, die direkt auf die eigenen Bedürfnisse zugeschnitten sind: Via Webcam kann man heute Unterricht bei Privatlehrern für alle denkbaren Disziplinen nehmen. Wer also schnell und intensiv eine Sprache lernen will oder zu Hause Yoga machen und dabei professionell angeleitet werden will – alles ist möglich. Plattformen wie *Superprof* sind eine gute Möglichkeit, die richtige Lehrerin oder den richtigen Lehrer zu finden.

Förderungen für Studenten

Vor allem wenn die Eltern nicht so viel verdienen (für eine Teilförderung maximal 60.000 Euro im Jahr) oder wenn man viele Geschwister hat, sollte man dringend prüfen, ob man für das Studium oder die Ausbildung eine staatliche Förderung bekommt. In Deutschland heißt das BAföG, in Österreich Studienbeihilfe. BAföG zum Beispiel wird zwar zur Hälfte als Darlehen gezahlt. Man muss es frühestens fünf Jahre nach dem Ende des Studiums zurückzahlen. Die andere Hälfte aber ist ein Zuschuss, also geschenkt. Und wir lieben Geschenke, nicht wahr? Das Darlehen ist zudem zinsfrei und die Rückzahlung auf 10.000 Euro gedeckelt. Wer zehn Semester lang den Höchstsatz von 735 Euro erhält, dem schenkt der deutsche Staat also durchaus beachtliche 34.000 Euro. Auch Azubis haben grundsätzlich Anspruch auf BAföG, auch wenn sich die Bedingungen ein wenig unterscheiden.

Die genaue Förderung hängt von mehreren Faktoren ab, nicht nur vom Einkommen der Eltern, sondern auch vom eigenen Vermögen und der Zahl der Geschwister. Wichtig: BAföG gibt es grundsätzlich nur für ein Vollzeitstudium und nur für das erste Studium. Wer sein Studienfach wechselt, verliert den BAföG-Anspruch. Und: Die Fristen sind knapp, die Förderung kann man nur kurze Zeit vor Beginn des Studiums oder der Ausbildung beantragen. Zugegeben, die Anträge auszufüllen ist kein Spaß und dauert ewig. Überschlagen Sie kurz, wie gigantisch hoch der Stundenlohn für diese Qual wäre, erhielten Sie tatsächlich die Höchstförderung von 34.000 Euro. Den Antrag muss man in der Regel alle zwölf Monate verlängern.

Es gibt inzwischen Online-Anbieter wie *Deine Studienfinan-zierung, mein BAföG* oder *Studieren Plus*, die für kleines Geld (rund 30 Euro pro Antrag) helfen, den Antrag schnell und korrekt auszufüllen. Das spart Zeit und Nerven. Wessen Antrag nicht bewilligt wird, der kann sein Geld zurückverlangen.

In Österreich ist alles einfacher: Hier muss man sich nur einmal zu Studienbeginn mit dem Antrag herumschlagen. Danach überprüft die Stipendienstelle automatisch jährlich die Voraussetzungen und fragt im Zweifel neue Belege an. Den Antrag sollte man rechtzeitig vor Beginn des Winter- oder Sommersemesters stellen und dabei die Fristen beachten. Maximal beträgt die jährliche Studienhilfe ordentliche 8.580 Euro – allerdings nur für eine begrenzte Anzahl an Semestern. Anders als in Deutschland enthält die Studienbeihilfe in Österreich keinen Darlehensanteil, man muss sie also nicht zurückzahlen.

Wer herausragend gute Noten in der Schule hatte, sollte sich übrigens auch mit Begabtenstipendien beschäftigen. Sie sichern die Finanzierung des Studiums und können auch wichtige Karrierenetzwerke sein, wie etwa die Studienstiftung des deutschen Volkes. Manche dieser Stiftungen sind politischer oder kirchlicher Natur (zum Beispiel die Konrad-Adenauer-Stiftung oder das Cusanuswerk), das sollte man bedenken. Es gibt außerdem jede Menge Stipendien für Studenten, die eine Weile ins Ausland gehen wollen. Und nicht immer setzen sie super Abiturnoten oder erstklassige Leistungen an der Uni voraus. Für Österreich bietet die Plattform *www.grants.at* einen guten Überblick über alle relevanten Stipendien und Forschungsförderungen auf institutioneller, Gemeinde-, Landes-, Bundes-, EU- und internationaler Ebene sowie diverse private Fördergeber.

Reisen

Oh, Sie gehen auf Reisen, wie fantastisch! Zu verreisen gehört zu den wenigen Entscheidungen, die sich immer lohnen, denn selbst wenn ein Urlaub ein komplettes Desaster war, wenn Sie Sonnenbrand, Darmgrippe und Bettwanzenbisse erlitten haben, werden Sie trotzdem als eine noch großartigere Version Ihrer selbst zurückkommen. Nirgendwo wächst man so sehr wie auf Reisen. Und egal, ob Sie durch Kuba brettern wollen in einem Mietauto, dem Sie eigentlich nicht über den Weg trauen, ob Sie ein altes Steinhaus hoch über der ligurischen Küste mieten oder ob Sie planen, sich tagelang nicht weiter zu bewegen als vom Pool zum Büfett und wieder zurück – hier kommen unsere besten Tipps, um das meiste aus Ihrem Reisebudget rauszuholen.

Flüge. Das Internet macht es heute vergleichsweise leicht, den günstigsten Flugpreis zu finden, und verschafft auch einen schnellen Überblick, ob ein anderer Reisetag vielleicht einen besseren Preis bedeuten kann. Unterschätzt wird allerdings oft die Option, statt eines gemeinsamen Tickets für Hin- und Rückflug zwei einzelne Tickets zu ordern. Achten Sie während des Preisvergleichs immer auch auf die Gepäckregelung. Auf kürzeren Strecken kann es auch ein guter Deal sein, nur eine Strecke zu fliegen und die andere mit dem Zug oder dem Bus zu fahren. Vielleicht können Sie dabei sogar einen Zwischenstopp einlegen und ein Museum, eine Kirche oder ein Café besuchen, das Sie schon lange mal sehen wollten? Im besten Fall sparen Sie Geld, bekommen noch ein Extraerlebnis und schonen die Umwelt.

(Und schließlich kann man nie genug Karmapunkte sammeln, richtig?) Wenn Sie länger unterwegs sind, überlegen Sie, ob nicht ein Interrail-Ticket eine Alternative zum Fliegen wäre. Sie sind superflexibel, weil Sie Züge in verschiedenen Ländern jederzeit nützen können – und es ist ein echter europäischer Klassiker!

Größe. Hotels verlangen mitunter für ein einziges muffiges Zimmer abenteuerliche Preise. Aber wenn Sie in einer großen Gruppe verreisen und alle zusammen ein Ferienhaus mit Pool oder ein exklusives Loft mit Dachterrasse beziehen, fallen die Kosten pro Person oft wesentlich niedriger aus.

Ausstattung. Verreisen Sie niemals, niemals ohne Plastiklatschen im Gepäck, die im Notfall Distanz zwischen Ihre Fußsohlen und den Boden einer eigentlich inakzeptablen Dusche bringen. Für einen begrenzten Zeitraum kann man auch in wirklich schlimmen Hotelzimmern überleben, aber Sie müssen auch unter widrigsten Umständen ordentlich duschen können – und das geht nun mal nicht, wenn Sie dabei angewidert auf Zehenspitzen balancieren müssen.

Lunchpaket. Wenn Sie Low-Budget fliegen, müssen Sie sich heute entscheiden, ob Sie an Bord lieber hungern möchten oder beim Bordpersonal eines dieser abgepackten Sandwiches kaufen, die in Preis und Qualität sehr, nun, unterschiedlich sein können. Stattdessen können Sie aber auch eine Grundausstattung mitbringen: je eine kleine Packung Nüsse und Salzgebäck, dazu Schokolade, die Sie stückweise entnehmen können (minimiert das Fleckenrisiko, weil Sie nicht bröseln müssen). Außerdem werden Sie dem Himmel danken für Vitamine: Karotten sind hervorragende Reisebegleiter, weil sie einiges wegstecken und Ihnen nicht die Tasche versauen. (Bananen hingegen sind eine Katastrophe.) Und eine Mandarine schmeckt nicht nur, sondern erfrischt zumindest für kurze Zeit auch die abgestandene Flugzeugluft. Vorsicht bei Auslandsreisen: In einige Länder darf man keine Lebensmittel einführen. Bis zur Landung müssen Sie Obst und Gemüse aufgegessen haben, also übertreiben Sie es nicht mit der Menge.

Styling. Der heimliche Traum aller Economy-Reisen ist das spontane Gratis-Upgrade. Die Chancen dafür stehen insgesamt nicht besonders gut, aber wenn Sie zum Flug erscheinen und aussehen, als hätten Sie fünf Tage am Ballermann hinter sich, wird es ganz sicher nichts mit der Businessclass. Wenn Sie sich dagegen auch auf Reisen zumindest ein Minimalmaß an Mühe geben, fühlen Sie sich besser und knüpfen leicht neue Kontakte. Vielleicht lernen Sie im Flieger jemanden kennen, der Sie beruflich weiterbringt (oder den Sie heiraten wollen, das weiß man ja nie).

Nähe. Urlaub muss nicht immer bedeuten, viele Hundert oder Tausend Kilometer weit wegzufahren. Wenn das Geld knapp ist, machen Sie daraus ein Spiel: Wohin können Sie fahren, wenn Sie nicht mehr als 30 Euro für die Strecke ausgeben wollen? Vielleicht finden Sie ein Ticket für den Nachtzug nach Amsterdam, vielleicht landen Sie nach drei Stunden Fahrt mit dem Regionalbus in irgendeinem Kuhdorf. So oder so werden Sie ein großartiges Abenteuer erleben!

Souvenirs. Eine Erinnerung mitbringen zu wollen, wenn man eine fantastische Zeit hatte, ist eine gute Sache. Allerdings haben Sie mehr davon, wenn Sie sich Gegenstände als Souvenirs aussuchen, die Sie ohnehin hätten besorgen wollen und die Sie dann auch tatsächlich benutzen. Wenn Sie also zu Hause eine Nachttischlampe brauchen – bringen Sie sie doch aus Rom mit. Vielleicht finden Sie neue Stoffservietten in Tokio oder eine wunderschöne Salatschüssel in Innsbruck. Auch eingelegte Zitronen, Feigensenf oder Wein sind ausgezeichnete Urlaubserinnerungen. Dagegen sind billige Flaschenöffner mit einem Bild vom Eiffelturm, Schnapsgläser mit seltsamen Sprüchen und hässliche Kühlschrankmagneten immer, absolut immer Geldverschwendung. Diese Dinge fangen ohnehin nicht ein, was Ihre Reise für Sie so besonders gemacht hat. Stattdessen rauben sie Ihnen bloß Platz in Ihrer Wohnung, und Sie werden sie garantiert niemals verwenden.

Gepäck. Selbst wenn Sie mit kleinem Gepäck reisen (wozu wir Sie sehr beglückwünschen!), sollten Sie trotzdem immer eine faltbare Zusatztasche dabeihaben. Vielleicht machen Sie beim Einkaufen in einer fremden Stadt einen großartigen Fang, für den aber der Platz in Ihrem ursprünglichen Gepäckstück nicht ausreicht. Wenn Sie jetzt keine Extratasche dabeihaben, müssen Sie sich entweder zu haarsträubenden Preisen eine kaufen, was das vermeintliche Schnäppchen doch ganz schön teuer machen würde. Oder Sie müssen doch darauf verzichten, Ihre Entdeckung mit nach Hause zu nehmen. Und das wäre doch Frevel, oder?

Wie man eine lange Reise finanziert

Viele Menschen träumen davon, nicht nur drei Wochen Urlaub zu machen, sondern länger durch die Welt zu reisen. Natürlich ist es ein Unterschied, ob Sie vier Monate verreisen und dann wieder in Ihr altes Leben zurückkehren wollen, oder ob Sie ein Jahr oder länger unterwegs sein wollen. Bei der Frage der Finanzierung könnten Ihnen die folgenden Überlegungen weiterhelfen:

Reduzieren Sie Ihre Kosten in der Heimat. Dazu gehört als Erstes, die Wohnungsmiete loszuwerden. Sie können also entweder Ihre Wohnung kündigen oder Sie für die Zeit Ihrer Abwesenheit untervermieten. Viele Weltreisende machen das schon ein bis zwei Monate vor Ihrer Abwesenheit und kommen in dieser Zeit bei Freunden oder Verwandten unter – denn zwei Monate die Miete samt Nebenkosten einzusparen hilft dem Reisebudget noch einmal ganz erheblich. Bei längerer Abwesenheit lohnt es sich auch, Versicherungen zu kündigen, die Sie dann nicht benötigen. (Sie müssen wirklich nicht gegen Einbruch und Feuer versichert sein, wenn Sie ohnehin keine Wohnung mehr haben!)

Reduzieren Sie Ihren Besitz. Vor allem, wenn Sie wirklich lange unterwegs sein möchten, ist es sinnvoll, sich von einigen Dingen zu trennen. Dazu könnte Ihr Auto gehören, vielleicht auch größere Möbelstücke. Wenn diese Reise eine echte Zäsur für Sie sein soll, könnten Sie ganz umfassend aussortieren und reduzieren: Küchengeräte, Geschirr, Kleidung, Bücher. Finanziell profitieren Sie davon doppelt: Zum einen können Sie die Erlöse aus dem Verkauf in Ihr Reisebudget fließen lassen. Und zum zweiten sind die Kosten für die Lagerung geringer, je weniger Dinge Sie behalten möchten. Entweder, weil Sie weniger Lagerraum anmieten müssen, oder weil, wenn es nur ein paar Kisten sind, vielleicht Ihre Freunde und Familie bereit sind, sie kostenlos in ihrem Keller unterzubringen.

Nutzen Sie Ihren alten Job. Möglicherweise ist der Grund, warum Sie sich nach einer Auszeit sehnen, dass Ihnen Ihr Job auf die Nerven geht. Schmeißen Sie ihn trotzdem nicht einfach hin. Wenn Sie ein Sabbatical beantragen, gibt Ihnen das zumindest finanzielle Sicherheit für die Zeit nach Ihrer Reise. (Kündigen können Sie dann ja immer noch, wenn Sie wollen.) Alternativ können Sie überlegen, ob es möglich wäre, Ihren bisherigen Job zu machen, während Sie reisen. Viele Tätigkeiten verlangen heute nicht unbedingt Ihre Anwesenheit im Büro, sondern bloß einen Laptop und eine Internetverbindung. Wenn Sie Schwierigkeiten haben, Ihre Vorgesetzten von diesem Konzept zu überzeugen, bieten Sie an, es zunächst für drei Monate zu testen und dann die Ergebnisse zu besprechen. Wenn dann alle Seiten zufrieden sind, perfekt. Wenn nicht, können Sie entscheiden, ob Ihnen die drei Monate unterwegs genug waren oder ob Sie kündigen und etwas Neues probieren möchten.

Suchen Sie neue Jobs. Wenn Sie Ihren alten Job nicht behalten können oder wollen, bietet es sich an, unterwegs als Freelancer zu arbeiten. Dafür gibt es eigene Portale im Internet, bei denen Sie je nach Qualifikation Aufträge finden können. Das funktioniert besonders für Grafikerinnen, Designerinnen und Texterinnen, für Übersetzerinnen, Programmiererinnen und IT-Expertinnen. Allerdings sollten Sie nicht erwarten, dass Sie mit diesen Einkünften Ihre ganze Reise finanzieren können (Sie wollen ja schließlich Ihre Zeit genießen und nicht dauernd arbeiten) –, aber für einen relevanten Zuverdienst kann das schon reichen. Alternativ können Sie in Ihrem Reiseland natürlich auch Aushilfsjobs annehmen und als Souvenirverkäuferin, Kellnerin oder Animateurin arbeiten. Das ist innerhalb der EU kein Problem, in anderen Ländern brauchen Sie aber mitunter eine Arbeitsgenehmigung. Wenn Sie jünger als dreißig Jahre alt sind, bekommen Sie in vielen Ländern ein Work and Travel- oder ein Working Holiday-Visum, das macht es deutlich einfacher.

Kennen Sie Ihr Budget. Die klassische Backpacker-Regel lautet: Weltreisende müssen pro Person monatlich 1.000 Euro zur Verfügung haben. Das ist allerdings nur ein sehr grober Richtwert und setzt voraus, dass Sie auch bereit sind, in sehr günstigen Unterkünften zu übernachten. Eine Reise bedeutet für verschiedene Menschen aber sehr unterschiedliche Dinge. Niemand zwingt Sie dazu, Reisen als Urwaldtrip mit dem Rucksack zu definieren. Sie können genauso mit einem todschicken Rollkoffer von Großstadt zu Großstadt reisen und sich dort jeweils in spektakuläre Dachgeschosswohnungen mit privatem Jacuzzi einmieten. Sie müssen dann nur eben ganz anders kalkulieren.

Grundsätzlich sollten Sie unterscheiden zwischen den Kosten während der Reise und jenen, die für die Vorbereitung anfallen: Visagebühren, Impfkosten, Auslandskrankenversicherung, eventuell Equipment (je nachdem, was Sie vorhaben). Denken Sie auf jeden Fall daran, einen mobilen Safe zu besorgen, eine Art Tasche mit Diebstahlsicherung, die Sie zum Beispiel an einem Baum festmachen können. Das erhöht die Chancen, dass Sie nicht irgendwann ohne Geld und ohne Reisepass dastehen. Ebenfalls unerlässlich: eine Kreditkarte, mit der Sie weltweit kostenlos Bargeld abheben können. Speichern Sie außerdem in der Cloud oder in Ihrem E-Mail-Fach Kopien Ihrer wichtigsten Dokumente – wenn Ihnen Ihr Pass doch abhandenkommt, erleichtert eine Kopie die Ausstellung von Ersatzdokumenten ganz erheblich.

Und: Kalkulieren Sie nicht zu knapp. Es ist besser, ein paar Wochen kürzer zu verreisen und dafür uneingeschränkt Spaß zu haben, als die Zeit auf ein Maximum zu strecken, dabei aber jeden Cent zweimal umdrehen zu müssen.

Gesundheit

Es gibt kaum ein besseres Investment als Zeit und Geld für die eigene Gesundheit. Das gilt sowohl für Ihr körperliches als auch für Ihr psychisches Wohlbefinden. Deshalb gleich vorweg: Wenn Sie mit Depressionen kämpfen, wenn Sie sich dauerhaft überfordert fühlen oder das Gefühl haben, seelisch aus dem Gleichgewicht zu sein, suchen Sie sich unbedingt Hilfe.

Das Leben, vor allem das von Frauen, ist vollgepackt mit Herausforderungen in unterschiedlichsten Bereichen – und der Wunsch, all diesen Herausforderungen gerecht zu werden, kann jeden manchmal über die Belastungsgrenze treiben. Einen Termin bei einem Psychotherapeuten oder einer Psychotherapeutin auf Kosten der Krankenkasse zu bekommen, kann oft sehr lange dauern und viel mühsamen Papierkram erfordern, den man gerade in einer schwierigen Situation nicht brauchen kann.

Lassen Sie deshalb in diesem einen Fall die Kosten außer Acht und machen Sie einen privaten Termin. Oft können Ihnen schon eine oder zwei Sitzungen aus akuten Schwierigkeiten helfen, und dann waren diese 200 oder 300 Euro die vielleicht beste Investition Ihres Lebens.

Vorsorgeuntersuchungen

Um Ihre körperliche Gesundheit zu gewährleisten und mögliche Probleme früh zu erkennen, sollten Sie die jährlichen Kontrolluntersuchungen nicht schwänzen. Es hilft, wenn Sie jedes Jahr im gleichen Monat hingehen und das auch in Ihrem Kalender notieren. Zum Beispiel: Immer im März gehen Sie zum Hautarzt, immer im Mai zum Check-up bei der Hausärztin. Jeden September zum Gynäkologen und Zahnarzt, jeden Dezember zur Augenärztin. Wenn Sie sich an diese Fixpunkte halten, ist das schon mal eine sehr gute Ausgangsbasis. Ab einem bestimmten Alter wird Ihre Hausärztin Sie außerdem auf zusätzliche Vorsorgeuntersuchungen aufmerksam machen, etwa Darmkrebsfrüherkennung – solche Arztbesuche könnten Sie immer in den Juni legen, dann haben Sie über den Sommer keine zusätzlichen Termine und können die freie Zeit genießen, ohne sich Sorgen um Ihre Gesundheit machen zu müssen.

Sport

Wenn es um Sport geht, teilt sich die Menschheit in zwei Gruppen: jene, die sich für körperliche Anstrengung immer schon begeistert haben und sich ohne ihre Workouts gar nicht wohlfühlen. Wenn Sie zu dieser Gruppe gehören: Herzlichen Glückwunsch, Gott liebt Sie. Freuen Sie sich und ändern Sie nichts.

Aber es gibt eben auch jene, die sich zum Sport überwinden müssen. Wenn Sie zu dieser Gruppe gehören (und wir verstehen Sie!), betrachten Sie Sport als das, was er eben auch ist: ein Investment. Es ist der beste Beitrag, den Sie leisten können, um gesund zu bleiben und die Kraft und Energie für das Leben zu haben, das Sie sich wünschen. (Und natürlich werden Ihre Jeans dabei ganz hervorragend sitzen, das ist auch nicht schlecht.)

Fitnessstudio, Tanzschule, Yogaklasse

Wenn Sie sich in einem Fitnessstudio anmelden wollen, achten Sie auf folgende Punkte:

Testen Sie. Machen Sie immer ein Probetraining, um zu sehen, ob Ihnen das Studio, die Atmosphäre und die Trainer überhaupt zusagen. Unterschreiben Sie niemals sofort eine Jahresmitgliedschaft, sondern bestehen Sie auf einem Probemonat oder zumindest 14 Tage Probemitgliedschaft. In dieser Zeit werden Sie merken, ob die Anbindung gut genug ist, um einen Besuch im Studio in Ihren Alltag zu integrieren, und ob zu den Zeiten, zu denen Sie trainieren möchten, ausreichend freie Geräte da sind. Studios, die Ihnen keine Probephase einräumen, legen es offenkundig darauf an, Menschen auch gegen ihren Willen in einer Mitgliedschaft zu halten – das ist kein gutes Zeichen.

Lesen Sie das Kleingedruckte. Informieren Sie sich genau, zu welchem Zeitpunkt Sie Ihre Mitgliedschaft kündigen können und, wichtig, in welcher Form Sie das tun müssen. Viele Studios kommunizieren zwar die ganze Zeit mit Ihnen per Mail, eine Kündigung müssen Sie aber per Post schicken – und zwar eingeschrieben. Klären Sie, ob ein Umzug in eine andere Stadt, eine Schwangerschaft oder eine Krankheit als außergewöhnlicher Kündigungsgrund akzeptiert werden würde. Schreiben Sie sich die Kündigungsfristen sofort in den Kalender, sobald Sie einen Vertrag abgeschlossen haben. (Auch wenn Sie selbstverständlich von jetzt an dreimal in der Woche dorthin gehen werden. Bestimmt. Wir glauben an Sie!)

Fragen Sie die Krankenkasse. Einige Krankenversicherungen übernehmen Kosten für Fitnessstudiomitgliedschaften, Yogakurse oder Ähnliches. Meist wissen die Anbieter selbst, ob und welche ihrer Kurse gefördert werden, und geben Ihnen Auskunft.

Prüfen Sie günstige Alternativen. In vielen Städten gibt es kommunal geförderte Sportangebote, die für ein paar Euro im Monat Kurse in allen Stadtvierteln anbieten. Sie trainieren dann vielleicht abends in der Sporthalle der Schule bei Ihnen um die Ecke. Das ist weniger schick als der Fitnessclub in der Innenstadt, aber günstiger, unter Umständen vielleicht sogar praktischer – und es gibt keine Schwierigkeiten, wenn Sie Ihre Mitgliedschaft kündigen möchten.

Sport ohne Geld

In einem Studio zu trainieren ist nur eine Möglichkeit, regelmäßig Sport zu machen. Das funktioniert aber auch zu Hause, ohne umfangreiches Equipment – und ohne Geld.

Karla Gehrlach kennt sich damit aus, sie ist ein Profi: Sie studierte Sportwissenschaften und arbeitet als Personal Trainerin. Über ihre Website *Poundattack.de* bietet sie Online-Fitnesscoaching an. Frischgebackene Mütter gehören genauso zu ihren Kundinnen wie Frauen, die viel unterwegs und beruflich stark engagiert sind. Karla selbst hat schon in Südafrika und in Brasilien gelebt und gearbeitet. Derzeit wohnt sie mit ihrem Mann und zwei Kindern in Portugal. Hier kommen ihre besten Tipps:

€ **Zeit.** Effektiv zu trainieren dauert nicht so lange, wie viele Menschen glauben. 15 bis 20 Minuten intensives Training

sind optimal, dafür muss es aber regelmäßig passieren: fünf-
mal in der Woche sind perfekt.

€ **Umfeld.** Grundsätzlich ist es überhaupt kein Nachteil, zu
Hause zu trainieren. Einzige Ausnahme: Sie möchten extre-
mes Bodybuilding auf Wettkampfniveau betreiben. Miss
Olympia werden Sie nur mit umfangreichem Hantelsorti-
ment. Alle anderen, die etwas für ihren Körper und ihre Fit-
ness tun möchten, kommen auch in den eigenen vier Wän-
den sehr gut zurecht.

€ **Kraft.** Viele Frauen setzen nur auf Cardio-Training, vor allem wenn ihr Ziel ist, Gewicht zu verlieren. Krafttraining ist
aber wesentlich effizienter und bringt schnellere Erfolge.
Die Sorge, zu viele Muskeln aufzubauen und breiter zu werden, ist unbegründet. Muskeln bringen Ihnen einen straffen
Körper!

€ **Ernährung.** Es stimmt, dass ein Low-Carb-Speiseplan bei
vielen Menschen schöne Erfolge bringt. Trotzdem gibt es
kein Patentrezept, das für alle funktioniert. Das Wichtigste
ist, eine gesunde Ernährungsform zu finden, die Sie dauerhaft beibehalten können. Es bringt nichts, an einem Plan
festzuhalten, der nicht zu Ihnen passt – das hält niemand
durch. Wenn Sie nach ein paar Wochen in alte Ernährungs-
gewohnheiten zurückfallen, ist nichts gewonnen.

€ **Motivation.** Gerade wenn man lange keinen Sport gemacht
hat, ist es am Anfang nicht so leicht, sich regelmäßig auf-

zuraffen. Fangen Sie deshalb mit ganz kurzen Einheiten an, zum Beispiel fünf Minuten am Tag. Dann können Sie sich leichter überwinden, weil es so eine kurze Zeitspanne ist. Am besten funktioniert das mit einem Anker in Ihrem Tagesablauf: Machen Sie immer fünf Minuten Sport, bevor Sie frühstücken. Oder fünf Minuten, bevor Sie sich abends die Zähne putzen.

€ **Selbstbild.** Viele Frauen pflegen einen negativen Blick auf sich selbst. Stattdessen sollten Sie sich genau das Gegenteil sagen: »Ich bin eine fitte, schlanke, sportliche und glückliche Frau.« Das kommt Ihnen anfangs vielleicht komisch vor, wiederholen Sie es dennoch regelmäßig vor dem Spiegel. Das wirkt auf Ihr Unterbewusstsein, und irgendwann wird es Ihnen viel leichter fallen, sich genauso zu verhalten: wie eine sportliche Frau.

Ein Trainingsplan für zu Hause

Sechs Übungen, mit denen Sie schnelle Fortschritte erzielen werden. Beginnen Sie mit Einheiten von 30 oder 45 Sekunden pro Übung. In dieser Zeit führen Sie so viele saubere Wiederholungen aus wie möglich. Ob Sie mehr oder weniger trainieren sollten, merken Sie an der Reaktion Ihres Körpers: Wenn Sie möchten, dass er sich verändert, müssen Sie einen Reiz setzen. Sprich – wenn Sie am nächsten Tag die Anstrengung nicht spüren, war der Reiz nicht intensiv genug.

Kniebeugen: trainieren viele große Muskeln und sind deshalb besonders effektiv.

Liegestütze: perfekt für Arme und Schultern.

Plank: Der Unterarmstütz trainiert die gesamte Oberkörpermuskulatur.

Burpees: Strecksprünge sind optimal, weil man so in einer kurzen Einheit auch noch die Kondition steigert.

Ausfallschritte: kräftigen Po- und Oberschenkelmuskulatur.

Einbeinige Deadlifts: können mit oder ohne Hanteln ausgeführt werden. Trainieren die Oberschenkelrückseite und die Rückenmuskulatur.

Geld und Familie

Was ein Kind kostet

Ein Baby also. Die Entscheidung, ob Sie gerne ein Kind hätten, ist von grundlegender Bedeutung für Ihr Leben, und wie alle wirklich wichtigen Entscheidungen sollten Sie sie nicht von finanziellen Fragen abhängig machen. Trotzdem schadet es nicht zu wissen, was auf Sie zukommt.

Die Statistik

Das Statistische Bundesamt in Deutschland schätzt die durchschnittlichen Ausgaben von Eltern mit einem Kind bis zu dessen 18. Geburtstag auf rund 126.000 Euro. Demnach gibt ein Paar mit einem Kind durchschnittlich 584 Euro im Monat für das Kind aus. Stockt Ihnen jetzt schon der Atem? Zu früh, denn es kommt noch besser. In diesen Zahlen ist der Einkommensverlust noch gar nicht enthalten, der Mütter und Väter trifft, wenn sie zumindest eine Zeit lang weniger arbeiten. Und die Rechnung geht nur bis zur Volljährigkeit – wenn Ihre Kinder aber danach noch studieren, in eine eigene Wohnung ziehen wollen oder ein Auslandsjahr machen, dann wird es erst richtig teuer.

Aber immerhin, der Staat bedankt sich für Ihren Beitrag gegen den demographischen Wandel mit diversen Unterstützungsleistungen wie Kinder- und Elterngeld und steuerlichen Erleichterungen. Das ist immerhin ein Anfang. (Aber ehrlich: Bei den wahren Herausforderungen des Elterndaseins nutzt Ihnen der Steuerfreibetrag natürlich überhaupt nichts. Wenn das

Kind Zähne bekommt und die ganze Nacht schreit. Sich weigert, im Kindergarten zu Mittag zu essen. Anfängt, Schlagzeug zu spielen oder, noch schlimmer, Violine. Das sind echte Krisen!)

Ausrüstung

Wer ein Baby bekommt, kann seine Vorstellungen von minimalistischer Ästhetik erst mal vergessen: Wo Kinder sind, ist auch eine schier unglaubliche Menge an Sachen. Aber wenn Sie die Ausstattung nicht als Statussymbol ansehen, können Sie viel Geld sparen, einige Hundert Euro allein beim Kinderwagen. (Und zum Glück fordern Neugeborene auch nicht, in einer bestimmten Marke transportiert zu werden, weil sie sich sonst beim Baby-Yoga genieren müssten – bis es genaue Einkaufsvorgaben gibt, haben Sie noch ungefähr zehn Jahre Zeit.) Vieles können Sie gebraucht kaufen, auf Babyflohmärkten oder im Internet. Vielleicht bekommen Sie von Freunden oder der Familie auch einiges geschenkt, das nicht mehr benötigt wird. Ihr Baby in gebrauchte Klamotten zu stecken, hat übrigens nicht nur Vorteile für Ihren Geldbeutel: Sie leisten damit auch einen Beitrag zu mehr Nachhaltigkeit (das Kind braucht ja auch noch einen Planeten, auf dem es leben kann). Zudem enthalten gebrauchte und damit schon zig-fach gewaschene Bodys und Strampelanzüge weniger Chemikalien als neue.

Behördengänge

So ein Kind ist ja auch eine bürokratische Aufgabe. Das beginnt sofort, wenn Sie schwanger sind: Falls Sie zeitnah nach der Geburt wieder arbeiten möchten, müssen Sie sich schon jetzt um einen Kinderbetreuungsplatz kümmern, die Wartelisten sind lang. In Deutschland sollten Sie außerdem Ihre Steuerklasse überprüfen und gegebenenfalls ändern, damit Sie das maximal mögliche Elterngeld bekommen (Details dazu im Kapitel »Die Ökonomie der Ehe« ab Seite 74).

Wenn das Kind geboren ist, müssen Sie in Deutschland Kinder- und Elterngeld beantragen. Unabhängig vom Einkommen bekommt man monatlich jeweils 204 Euro Kindergeld für das erste und zweite Kind, für ein drittes 210 Euro. Das Elterngeld hingegen beträgt 67 Prozent des letzten monatlichen Nettoeinkommens, dabei aber mindestens 300 und maximal 1.800 Euro monatlich. Sie können wählen zwischen dem sogenannten Basis-Elterngeld (beide Elternteile bleiben zusammen maximal 14 Monate zu Hause und erhalten Elterngeld in voller Höhe) oder dem sogenannten Elterngeld Plus, das sich besonders lohnt, wenn man nur Teilzeit arbeitet. Hinzu kommen Steuerfreibeträge, und man kann die Kosten für die Kinderbetreuung absetzen. Die können im Monat mehrere Hundert Euro betragen, abhängig vom Wohnort und der Betreuungsform.

In Österreich wird die Familienbeihilfe abhängig vom Einkommen gezahlt: Für Kinder bis drei Jahre erhält man 114 Euro, zwischen dem dritten und dem zehnten Lebensjahr 121,90 Euro monatlich. Ab zehn Jahren werden 141,50 Euro ausbezahlt, und über 19-Jährige, die noch in Ausbildung sind, erhalten

165,10 Euro. Dazu kommt das Kinderbetreuungsgeld, das achtzig Prozent des letzten vor der Geburt erzielten Nettoeinkommens beträgt, aber maximal 1.980 Euro im Monat. Für Eltern, die keine einkommensabhängige Leistung bekommen, gibt es Pauschalleistungen in ähnlicher Höhe.

Ein Finanzpolster für das Kind anlegen

Kinder werden übrigens mit zunehmendem Alter immer teurer. Studenten, die nicht mehr zu Hause wohnen, müssen im Schnitt rund 800 Euro Lebenshaltungskosten aufbringen. Selbst wenn Eltern nur einen Teil finanzieren, müssen sie allein für ein Bachelorstudium mit Ausgaben von rund 23.000 Euro rechnen. Kommt noch ein Masterabschluss dazu, fallen noch einmal 15.000 Euro oder mehr an. Und das ist nur die Rechnung, wenn Ihr Kind mal studiert. Auch Auslandsaufenthalte, kostenpflichtige Sonderstudiengänge oder finanzintensive Hobbys können irgendwann das Konto der Eltern herausfordern. Ganz zu schweigen von der ersten Wohnungseinrichtung oder Fahrstunden. Deshalb ist es sinnvoll, schon früh finanzielle Rücklagen für Ihr Kind zu bilden.

Gut geeignet sind Kapitalanlagen, die auch auf den Namen des Kindes laufen. In Frage kommen Giro- oder Sparkonten, bei Einmaleinlagen auch Festgeldkonten. Bessere Renditen versprechen Aktienfondssparpläne wie ETFs. (Der Wert schwankt, aber Sie haben ja einen Anlagehorizont von 18 Jahren!)

Das Geld, das unter seinem Namen angelegt wird, gehört dann ausschließlich dem Kind, die Eltern verwalten es bis zum 18. Geburtstag. Wenn Sie Sorge haben, der Nachwuchs könnte das mühsam ersparte Geld unbedacht auf den Kopf hauen, können Sie kurz vor seiner Volljährigkeit einen Auszahlungsplan festlegen: Dann gibt es pro Monat nur eine begrenzte Summe.

Zu beachten ist, dass Vermögen, das auf den Namen des Kindes läuft, relevant sein kann, wenn es später Beihilfen beantragt. Die Ausbildungsförderung BAföG etwa bekommt nur, wessen Vermögen 7.500 Euro nicht übersteigt.

Die Tücken der Teilzeit

Nach der Geburt eines Kindes stellt sich zwangsläufig die Frage, wer in Zukunft wie viel arbeiten möchte. Das ist eine sehr persönliche Entscheidung, in die Ihnen niemand reinreden sollte. Falls Sie aber planen, in Teilzeit zu arbeiten, sollten Sie gut überlegen: Machen Sie sich klar, wie viel Sie ohne Kind bislang tatsächlich gearbeitet haben und wie viele Wochenstunden eigentlich theoretisch in Ihrem Arbeitsvertrag vorgesehen sind.

Je nach Branche oder Hierarchiestufe wird die Arbeitszeit oft gar nicht mehr genau erfasst. Vielleicht reicht es also, statt auf sechzig nur auf achtzig Prozent zu reduzieren, um ein gutes Gleichgewicht zwischen Job und Familie zu finden. Frauen neigen oft dazu, ihre Arbeitszeit offiziell runterzusetzen, nur um dann doch zu achtzig oder sogar zu hundert Prozent zu arbeiten – aus dem Gefühl heraus, es gerade als Mutter allen beweisen zu wollen. Mal ehrlich: Arbeitszeit zu verschenken, das würde ein Mann niemals machen. Und das sollten Sie auch nicht.

Eine anschauliche Beispielrechnung: Frauen, die im Alter von dreißig Jahren drei Jahre aussetzen und dann drei Jahre halbtags arbeiten, bevor sie wieder auf Vollzeit aufstocken, verdienen bis zu ihrem 45. Geburtstag ungefähr 200.000 Euro weniger als Frauen, die durchgängig Vollzeit arbeiten. Das ist schon ganz schön heftig. Bevor Sie also Ihre Arbeitszeit auf sechzig Prozent oder noch weniger reduzieren, überlegen Sie, ob es nicht eine Option wäre, wenn beide Elternteile auf achtzig Prozent reduzieren. Dann sind die Folgen für Sie beide geringer, sowohl in Hinblick auf Aufstiegschancen als auch, was die Folgen für die Renten- oder Pensionsansprüche betrifft.

Wenn Sie sich dafür entscheiden, selbst nur mehr wenig zu arbeiten, während der Vater des Kindes an seiner Karriere bastelt, ist das übrigens völlig in Ordnung, solange es Sie glücklich macht. Allerdings sollten Sie dann besprechen, wie Sie geringere Altersbezüge und entgangene Karrierechancen ausgleichen wollen.

Wenn Sie verheiratet sind, wäre eine Option zum Beispiel ein Ehevertrag, der Ihre Ansprüche im Fall einer Trennung regelt. (Lesen Sie dazu auch Kapitel »Geld und Liebe« ab Seite 61) Ja, das finden Sie jetzt unromantisch. Zu Recht. Allerdings ist Ihnen im Fall einer Scheidung Ihr Mann auch nicht für alle Zeiten dankbar dafür, dass Sie Ihre Karriere der Familie geopfert haben – und unterhaltspflichtig ist er auch nicht mehr. Also besprechen Sie, wie Sie einen fairen Ausgleich finden können. Die erste Zeit mit einem Neugeborenen wird sogar noch schöner, wenn Sie sich zwischen Wickeltisch und Mobile keine Gedanken über drohende Altersarmut machen müssen.

Erben

Eine Erbschaft ist eine emotionale Achterbahnfahrt, und nicht selten endet sie in einem unwürdigen Streit ums Geld. Wenn Sie also diejenige sind, die etwas zu vererben hat, denken Sie daran, dass das Beste, das Sie Ihren Liebsten hinterlassen können, eine intakte Familie ist – also eine, die sich nicht wegen der Erbschaft überwirft.

Das Klügste, das Sie tun können, ist deshalb, schon zu Lebzeiten offen darüber zu reden. Und zwar mit der ganzen Familie an einem Tisch. Laden Sie alle ein, kochen Sie ein großartiges Essen und sprechen Sie das Thema direkt an. Wenn alle dabei sind, vermeiden Sie auch, dass jemand das Gefühl hat, es gäbe geheime Absprachen, von denen nur er oder sie nichts weiß.

In vielen Familien, auch in solchen, die sich aufrichtig lieben, herrscht eine oft unerklärliche Kultur der Sprachlosigkeit. Komplizierte Themen werden umschifft, weil es einfach immer schon so war. Wenn das auf Ihre Familie zutrifft, wird ein offenes Gespräch über den Nachlass vielleicht ungewohnt sein, aber am Ende wird es ein gutes Gefühl sein, und Sie kommen sich als Familie vielleicht sogar ein Stück näher.

Wenn Sie schon eine Vorstellung haben, wie die Aufteilung erfolgen soll, sagen Sie klar, welche Regelung Sie sich überlegt haben und warum. Wir empfehlen dringend, gerecht aufzuteilen – es mag sein, dass Ihnen Enkelkind Nummer drei oder Nichte Nummer zwei näherstehen als die anderen, trotzdem tun Sie Ihrem Liebling keinen Gefallen, wenn Sie mit Ihrem Testament Zwist säen.

Der Grund, warum gerade Erbschaften so häufig zu Streit führen, ist nicht nur, dass es dabei oft um viel Geld geht. Ein Testament wirkt in einer emotional ohnehin schon komplizierten Zeit häufig wie eine letzte Botschaft, wie ein finales Bekenntnis, wen man denn nun wirklich geliebt hat und wen nicht. Diejenigen, die dann nicht bekommen, was sie erwartet oder erhofft haben, sind also nicht nur sauer wegen des entgangenen Geldes, sondern vor allem verletzt.

Die Erblasser können nicht mehr erklären, warum sie so entschieden haben, es herrscht völliges Gefühlschaos, und der Streit ist perfekt. Wenn Sie also schon zu Lebzeiten darüber reden, können Sie sehen, was Sie vielleicht sonst nicht bedacht hätten. Sie werden merken, ob das eine gute Regelung ist oder ob Sie jemanden kränken. Und Sie haben die Gelegenheit, allen zu sagen, wie sehr Sie sie lieben. Es ist natürlich Ihr gutes Recht, Ihr Erbe so zu regeln, wie es Ihnen gefällt, aber überlegen Sie lieber verdammt gut, ob Ihr letzter Akt auf Erden wirklich von Rachegelüsten getragen sein soll.

Auch wenn Sie diejenige sind, die früher oder später etwas erben wird, sollten Sie versuchen, ein offenes Gespräch in der Familie über dieses Thema anzuregen. Das kann natürlich, abhängig von den Gepflogenheiten in Ihrer Verwandtschaft, mehr oder weniger heikel sein. (»Weil du ja wahrscheinlich bald stirbst…« ist kein guter Gesprächseinstieg!) Versuchen Sie es mit langsamer Annäherung: Erzählen Sie von einem Artikel, den Sie gelesen haben oder von gemeinsamen Bekannten, deren Familie sich über einen Erbstreit entzweit hat. Fragen Sie dann: »Ihr habt das ja geregelt, damit alles so ist, wie ihr es wollt, ja?« Schlagen Sie dann vor, einmal im großen Kreis darüber zu reden, damit alle Bescheid wissen und es keine Missverständnisse gibt. So bringen Sie das Thema aufs Tapet, ohne respektlos zu sein.

Um seinen Nachlass zu regeln, muss man nicht zwingend ein Testament verfassen. Ohne eine schriftliche Regelung wird die Erbschaft nach Gesetz geteilt. Wenn kein Ehepartner vorhanden ist, wird das Vermögen gleichmäßig auf die Kinder verteilt. Wenn es noch einen Ehemann oder eine Ehefrau gibt, dann geht in vielen Fällen die Hälfte an den überlebenden Partner, der Rest wird unter den Kindern verteilt. Das ist häufig eine vernünftige Lösung, vorausgesetzt, Ihre Familie funktioniert nach dem klassischen Modell. Sobald Patchwork-Konstellationen im Spiel sind, wird es kompliziert, deshalb sollten Sie dann unbedingt eine schriftliche Regelung treffen. Sonst bekommt vielleicht irgendeine entfernte Cousine, die Sie seit Jahrzehnten nicht gesehen haben, das Erbe, das Sie eigentlich den Stiefkindern hinterlassen wollten, die Sie lieben, als wären es Ihre eigenen.

Paare mit Kindern und eigener Immobilie schließen häufig aber ein gemeinsames Testament ab. In Deutschland nennt es sich »Berliner Testament« und ist auch für eingetragene Lebenspartner möglich. In Österreich heißt es »gemeinschaftliches Testament«. Im Kern setzen sich die Partner dabei gegenseitig zu alleinigen Erben ein. Die Kinder gehen nicht leer aus, erben aber erst nach dem Tod des zweiten Elternteils. Der Vorteil: Wenn ein Partner stirbt, muss sich der überlebende Partner nicht mit einer Erbengemeinschaft das Haus teilen. Die Kinder können also nicht verlangen, dass die Mutter oder der Vater ihren/seinen Anteil herauskauft, was ja oft nur möglich wäre, wenn man die Immobilie verkauft. Wichtig: Man kann so ein Testament nicht mehr ändern, nachdem einer der Ehepartner gestorben ist.

Wichtig ist außerdem: Wer erbt, muss unter Umständen Steuern zahlen. Für Ehegatten gilt das in Deutschland ab einem Betrag von 500.000 Euro, für Kinder gilt ein Freibetrag von 400.000 Euro. Enkel können 200.000 Euro, Eltern und Großeltern 100.000 Euro, alle anderen meist 20.000 Euro steuerfrei erben. Der Steuer kann man nur schwer durch Schenkung entgehen: Bei der Schenkungssteuer gelten (außer für Eltern und Großeltern) dieselben Freibeträge und Steuersätze wie beim Erben. Daher müsste man, wenn es viel zu verteilen gibt, mit einer Schenkung frühzeitig anfangen: Für die Berechnung werden alle Schenkungen der vergangenen zehn Jahre zusammengerechnet, erst danach beginnt die Rechnung von vorn.

In Österreich ist alles etwas einfacher: Dort gibt es seit 2008 weder Erbschafts- noch Schenkungssteuer. Aber: Für vererbte oder verschenkte Immobilien oder Grundbesitz muss Grunderwerbsteuer bezahlt werden.

Köpfen Sie jetzt eine Flasche Weißwein und stoßen Sie an.

Auf das Leben natürlich, worauf sonst?

SPAß AN FINANZEN

Was für eine Reise! Wenn Sie dieses Buch nun von vorne bis hinten gelesen haben, hat es hoffentlich Ihre Beziehung zu Ihrem Geld positiv verändert. Zum Abschluss noch drei Tipps (es sind unsere letzten, versprochen!):

€ **Bleiben Sie neugierig.** Sie haben sich nun vorbildlich mit Ihren Finanzen auseinandergesetzt – machen Sie damit weiter. Es gibt eine Menge Möglichkeiten, sich zu informieren. Sie können zum Beispiel Hörbücher zum Thema hören, während Sie die Küche aufräumen oder zur Arbeit fahren. Sie können sich Apps aufs Handy laden und damit Ihr Finanzwissen erhöhen, während Sie auf den Bus warten. (Probieren Sie zum Beispiel mal die kostenlose App der *Finanzheldinnen*.) Sie können *Facebook*-Gruppen beitreten und mit anderen Interessierten diskutieren.

€ **Bleiben Sie am Ball.** Sie haben sich vielleicht durch Papierchaos gekämpft, sich ein paar unangenehmen Wahrheiten gestellt oder sich mit völlig neuen Themen auseinandergesetzt. Darauf können Sie stolz sein! Bleiben Sie jetzt dran und legen Sie einen Zeitpunkt fest, an dem Sie sich wöchentlich mit Ihren Finanzen auseinandersetzen. Schreiben Sie das in den Kalender. Kein Ablagechaos mehr, keine verpassten Investitionsgelegenheiten. Mehr Geld.

€ **Machen Sie sich keine Sorgen.** Ja, in diesem Buch ging es die ganze Zeit um Geld (und ein bisschen um die Liebe).

Weil es Ihnen, im besten Fall, Freiheit und Unabhängigkeit schenken kann. Es ist trotzdem nicht die wichtigste Sache der Welt. Wenn Sie also mal mit einer finanziellen Entscheidung danebenliegen, egal ob nur ein bisschen oder richtig, richtig übel, dann denken Sie daran: Sie sind eine großartige Person. Sie haben schon ganz andere Dinge gestemmt. Sie kommen da auch wieder raus.

Und am Ende reicht es immer für eine Flasche Wein und eine Picknickdecke in der Sonne, nicht wahr?

Danksagungen

Meike und Angelika danken: den Menschen von den sehr tollen Verlagen edition a in Wien und Goldmann in München für ihren Enthusiasmus, ihr Engagement und ihren Glauben an dieses Buch. Christian Kirchner, der zu jeder Uhrzeit auf jede Frage eine Antwort hat und trotzdem niemals an der falschen Stelle sparen würde, nämlich beim Weißwein. Und unseren Kolleginnen und Kollegen von der *Süddeutschen Zeitung* – mit niemandem kann man so leidenschaftlich streiten wie mit euch, das ist ein großes Geschenk.

Meike dankt: Tim, Julian und Theo für ihre Geduld an den diversen Wochenenden, die vergangenes Jahr für das Buch draufgingen, und dafür, dass wir nie Streit ums Geld haben. Meinen Schwestern, Freundinnen, Nachbarinnen, Kolleginnen und der Schwiegermutter für die vielen Gespräche über Geld, zumal die Betroffenen nicht immer wussten, dass der Austausch Teil der Recherche war. Meinem Vater, der mir vor rund dreißig Jahren geholfen hat, den Grundstein für ein kleines erstes Vermögen zu legen, weil er bei der Versteigerung eines Fundes alter wertvoller Briefe half und mir ein Postsparbuch eröffnete. Damit habe ich meine ersten Interrail-Reisen finanziert – eines meiner besten Investments. Nicht zuletzt dir, liebe Angelika, für deine schwungvolle Initiative zu unserem Buch und deinen schier unverwüstlichen Optimismus, dass das Werk auch wirklich fertig wird.

Angelika dankt: … zuallererst meiner Mama, von der ich gelernt habe, wie man mit wenig Geld sehr viel Spaß hat –, und die mir außerdem mehr über Unabhängigkeit und Lebensfreude beigebracht hat, als ihr selbst bewusst ist. Außerdem LLV: Niemand kennt mich so gut wie du. Danke, dass du mich immer anfeuerst. Christine, Lena und Katharina: Freundinnen sind immer etwas Besonderes, aber Schulfreundinnen sind spektakulär. Diese absolute ungeschminkte Offenheit zwischen uns liebe ich. Thomas: Ohne deine stoische Und-darüber-regst-du-dich-jetzt-wirklich-auf-Attitüde wäre mein Leben unbewältigbar. Du bist für alle Zeiten mein BFF. Und natürlich Meike! Niemand sonst wäre meinem Hang zur, nun ja, kreativen Zeitplanung während der Arbeit an diesem Buch mit einer solch unerschütterlichen Ruhe begegnet wie du. Danke für dein Vertrauen. Lass uns demnächst mal zusammen ein Buch über Zeitmanagement schreiben.

**WOLFGANG
DEUTSCHMANN**

cashbook

Geldverdienen mit Facebook,
Instagram, YouTube und Co.

edition a

Wolfgang Deutschmann

Cashbook

100 Millionen Euro hat Wolfgang Deutschmann mit seinen
Unternehmen bereits online unter Einsatz von Facebook,
Instagram, YouTube und Co. bewegt. In diesem Buch er-
klärt der 28-Jährige leicht verständlich, wie jeder und jede
erfolgreich ein Social-Media-Business aufziehen kann und
wie Unternehmen von der Pizzeria bis zum Versicherungs-
konzern ihr Geschäftsmodell digitalisieren und ihren Um-
satz steigern können.

Gebundene Ausgabe: 240 Seiten
ISBN: 978-3-99001-485-1
20 Euro